HOW TO
중기경영계획
수립 & 실행

이구치 요시노리 지음
마사키 도키 그림
복창교 옮김

경영아카이브

전작 『중기경영계획 세우는 법과 사용법』은 제 실무 경험과 컨설팅 경험을 살려서, 1999년에 산와종합연구소 재직 시절에 출간했습니다. 가상의 한 정밀기계 회사를 모델로 설정해서, 모두 일관성 있는 사례로 총 22개의 워크시트를 기입 예시와 함께 소개했습니다. 다행히 실무를 하는 분들에게 호평을 받았으며, 2008년 개정판을 비롯해 오늘날까지도 활용되고 있습니다. 공저자 분들에게도 정말 감사드립니다.

그동안 저는 중기경영계획 수립 지원 컨설팅 스킬을 한층 더 갈고닦아왔습니다. 또, 컨설팅 후 진척 관리 지원이나, 기업 신임 이사 및 간부 연수, 공개 세미나에서 중기경영계획 강좌를 통해 비전과 전략 세우는 법을 강의하고 지도해왔습니다. 그러다 보니 개정하기 전에는 담지 못했던 새로운 생각이나 요소, 노하우가 생겼습니다. 그리고 『중기경영계획 세우는 법과 사용법』에서 다룬 신규 사업 플랜을 세우는 프로세스를 만화로 색다르게 표현할 수 있지 않을까 하는 생각에 이르렀습니다.

저는 고객에게 맞춰 다양한 방법과 체제를 경험하고, 각각의 문제점이나 과제, 대응책 및 해결책 등을 고민해왔습니다. 이 노하우를 두 회사의 사례를 이용해 표현할 수 있지 않을까 생각하고 있으니, 마침 출판사에서 좋은 제안을 주었습니다.

중기경영계획을 세우는 방법은 경영자의 생각이나 회사의 업종, 업태, 조직 체제, 경영 환경 및 상태, 기업 규모, 직원들의 상황 등에 따라 달라지기도 합니다. 그 부분을 독자분들이 만화를 통해 잘 파악할 수 있으면 좋겠습니다.

중기경영계획이란 계획을 세우고, 발표하기만 하면 끝이 아니라, 실행에 옮기고 사후관리가 뒤따라야 합니다.

많은 기업들이 시간과 수고를 들여 중기경영계획을 세우지만, 실행할 수 있는 것이 아니라면 도움이 되지 않으며, 성과가 나지 않을 것입니다.

지금까지 중기경영계획을 세운 기업들을 많이 봐왔고, 어떤 방식으로 계획을 세우면 실행하기 쉽고, 또 사후관리하기 쉬우며, 성과를 내기 용이한지 실제로 지도하면서, 생각하고 또 고민해왔습니다. 이러한 제 경험과 지식을 여러분에게 전하고 싶습니다.

경영기획 담당 부서를 만들어 중기경영계획을 세워 운용하는 것은 산업구조 재편을 선도하려는 기업들이 필수적으로 진행하는 과정 중 하나입니다.

1990년대 버블경제 이후 구조조정과 2000년대 이후 글로벌화와 기업 재편의 파도를 넘고, 2010년대 이후 자연재해와 저출산 고령화를 극복하려고 애쓰는 기업에게는 자신들을 변화시킬 힘이 내재되어 있습니다.

앞으로도 비즈니스 환경은 계속 격변할 것입니다. 그에 맞게 계속 변화하는 회사, 변화를 새로운 동력으로 바꿀 수 있는 기업이 되기 위해서, 자기개혁력과 변혁력을 습득하고, 진화를 새로운 중기경영계획에 담아 실행하여 목표를 실현하길 바랍니다.

이구치 요시노리

프롤로그

중기경영계획의 기초   **9**

프롤로그 검토 시스템 기획   10
01 중기경영계획의 기초   24
02 비즈니스 모델의 재검토와 패러다임 전환의 촉구   53

STEP 1

비즈니스 환경 분석   **63**

STORY 1 외부사업환경 분석   64
03 외부사업환경 분석   78
STORY 2 자사경영자원 분석   90
04 자사경영자원 분석   102

STEP 2

비전 설정   **113**

STORY 3 비전 설정   114
05 비전 설정   130

STEP 3

전략 수립   **145**

STORY 4 전략 검토   146
06 전략 수립   166

STEP 4

활동 및 정량계획 구체화 **203**

STORY 5 활동 및 정량계획 구체화 204
07 활동 및 정량계획 구체화 214

STEP 5

중기경영계획 정리와 발표 **235**

STORY 6 정리와 발표 236
08 중기경영계획 정리와 발표 246

에필로그

중기경영계획 수정과 사후관리 **257**

STORY 7 에필로그 258
09 중기경영계획 수정과 사후관리 262

중기경영계획의 기초

프롤로그 검토 시스템 기획
경영기획 세미나
강사 고치 스루오
세상은 항상 변하고 있습니다.
그렇기에 "우리 회사만은 변하지 않아!"
하고 주장하기는 어렵죠.
그럼 어느 정도까지 변할 필요가 있을까요?
경영 컨설턴트 고치 스루오

네에!?

처… 처음 본
사람하고
이야기하라고?

업계도
다르고….

어……
…….

웅성

웅성

저…
전 하나다 미스즈
라고 해요.

잘
부탁드려요!

네, 넷…!

기카이
셋케이
라고
합니다.
저도요
….

저는
'개혁'에
동그라미
했어요.

우리 회사는
옛날
중기경영계획을
세웠는데

그때마다
환율이
예상에서
빗나가는
바람에
그만두었다고
들었습니다.

아
그런가요.

그건 좀
안타
깝네요

이미 그렇게
정해졌으니
열심히 공부해서
잘해봐!

뭐라고요-!!

야마모토
전기는
족벌경영을
하는 회사로

사장은 3대
경영세습 중인
야마모토
사부로 씨이다.

사장은
신제품 개발을
좋아해서,
즉흥적으로
아이디어를
다양하게
내지만

팔리지 않은
재고는 창고에
산더미처럼
쌓여 있고

기존 고객이나
상품군의
후속 관리는
잘 안 되고
있으며,

큰 거래처
에서도
클레임이
쇄도하는
실정이고,

매출은 정체되고
이익은 줄고
주주로부터도
좋지 않은
평가를
받고 있고….

거기다
오로지 관리만 해오던
구루마타 상무를
차기 중기경영계획
프로젝트 리더로 임명해
'회사 개혁안'에 대해
결정하게 되었다.

첫해부터
목표치를
달성하지 못해서
앞서 세운 계획을
다시
살펴봐야 하다니

01 중기경영계획의 기초

먼저
중기경영계획의
기초를
확인하세요

(1) 경영계획을 세우는 의의 / 회사를 변화시키는 마음가짐

세상은 항상 변하고 있습니다. 그래서 사람이나 기업도 바뀌어야 할 필요가 있습니다. 그럼 어느 정도로 바뀔 필요가 있을까요? 이는 대상이 되는 회사나 사람에 따라 달라집니다.

변화의 정도가 큰 순으로 '변혁' '개혁' '개선', 이렇게 세 가지로 나눠 생각해보도록 하겠습니다(**도표 0-1**).

우선 '개선'은 지금 있는 것을 조금씩 좋게 만들거나, 약간 더 편하게 만드는 등 작은 변화를 만들어내는 것을 말합니다. '가이젠改善, Kaizen'이라는 말이 영어사전에도 등재되어 해외에서도 널리 쓰이는 것처럼, '개선'은 일본 기업, 특히 제조회사의 특기이기도 합니다. 이처럼 '개선'은 모두가 매일 몰두하고 있는 부분입니다.

다음으로 '개혁'은 '변혁'과 차이점을 비교하면 더 이해하기 쉽습니다. 카

도표 0-1 요구되는 변화의 정도

변혁 > 개혁 > 개선

■ 세상은 변하고 있습니다. 그 속에서 우리 회사만 변하지 않고 있을 순 없습니다. 그럼 어느 정도로 바뀔 필요가 있을까요?

개선: 현재 상태에서 조금 좋게 하는 것

개혁: 현재 상태에서 큰 폭으로 좋게 하거나, 바꾸는 것

변혁: 현재 상태에서 크게 바꾸거나,
　　　완전 새로운 것으로 만드는 것

를로스 곤 전 닛산자동차 회장이 실행한 것은 '개혁'에 해당합니다. 닛산자동차는 일본인 경영자가 경영할 때엔 매년 적자를 면치 못했으며, 결국 회사를 운영할 수 없는 지경에 이르기도 했습니다. 그래서 외국 자본의 출자와 함께 경영자 파견을 의뢰했고, 'NPR'(닛산 리바이벌 플랜)이라는 중기경영계획을 세워 개혁을 단행했습니다. 그리고 나서 주력인 자동차 사업을 통해 다시 한번 이익을 내기 시작했고, 더욱더 경쟁력을 발휘할 수 있게 되었다는 것은 이미 알려진 사실입니다.

한편, '변혁'의 사례로 잘 알려진 건 후지필름입니다. 디지털카메라의 대중화로 후지필름의 주력 사업인 사진용 필름이 사라질 위기에 직면해 있었습니다. 이미 세계 최대 필름 제조업체였던 코닥은 도산했습니다. 당시 후지필름의 사장인 고모리 시게타카는 후지제록스를 자회사화하고, 이미지 처리 장치 분야로 진출하기도 했으며, 의약품 회사를 사들이는 등 그룹을

크게 변화시켜, 기업을 존속시켰을 뿐만 아니라 다시 한번 성장궤도에 올리는 데 성공했습니다. 이것이 '변혁'입니다.

또, '개선'과 '개혁' 사이에도 커다란 차이점이 있다는 것을 알아둬야 합니다. '개선'하는 것만으로 변화에 대응할 수 있다면 평소 활동 범위 안에서도 충분하지만, '개혁'이 필요하다면 지금까지와는 다른 사고방식과 방법을 취해야 할 것입니다. 닛산자동차가 카를로스 곤 회장의 사업 수완에 의지할 수밖에 없었던 것이 전형적인 사례입니다.

통상적으로 기업에서는 1년 단위로 예산 계획을 세웁니다. 하지만 예산은 지금까지 실적의 연장선상에서 '이대로 가면 이 정도의 매출을 올릴 것 같다'라든가, '이 정도 이익이 나올 듯하다' 같은 예측을 중심으로 해서 짜기 때문에, '개선' 정도의 내용밖에 포함시킬 수 없게 됩니다.

그에 비해서 '변혁'이나 '개혁'이 필요한 상황이라면 단년도로는 대처하기 어렵기 때문에, 3년에서 5년 정도에 걸친 중기경영계획을 세워 대처하게 됩니다. 비록 중기경영계획이 필요하지 않다는 의견도 없지 않지만, 만약 여러분의 회사가 개혁이나 변혁을 요구한다면 계획을 짜고 실행할 필요가 있습니다.

그럼 어떠한 분야에서 '개혁'이나 '변혁'이 필요한 것일까요? **도표 0-2**를 보면 알 수 있듯, 여기에는 여섯 가지 분야가 있습니다.

첫 번째는 '사업 분야'입니다. 회사가 수익을 내지 못하거나, 성장이 멈췄을 경우에는 본업의 비즈니스모델을 바꾼다든지, 신규 사업이나 M&A를 통해 새로운 성장 동력을 만들어갈 필요가 있습니다.

두 번째는 '조직 분야'입니다. 기능별 조직을 사업부제나 지주회사제 등으로 조직 구조를 크게 바꾸거나, 권한 이양이나 회의체를 재구성하거나,

도표 0-2 변혁 및 개혁의 대상 분야

변혁 및 개혁의 대상 분야

(1) 사업 분야: 비즈니스 모델의 변혁, 신규 사업의 창출 등

(2) 조직 분야: 조직 구조, 책임과 권한, 의사결정 방법 등의 변혁이나 개혁

(3) 인사 분야: 인사 제도, 인재 활용, 인재 육성, 인재 채용 등의 변혁이나 개혁

(4) 재무 분야: 재무 구조, 재무 체질의 변혁이나 개혁 등

(5) 업무 분야: 비즈니스 프로세스의 혁신이나 재편성 등

(6) IT 분야: IT 기반, 애플리케이션 재구축 등

조직 운영 방법이나 의사 결정 방법을 크게 바꾸는 방법이 있습니다.

세 번째는 '인사 분야'입니다. 오랫동안 유지되어온 직능자격제도를 재고하고, 능력이나 실적에 따라 처우한다거나, 인재 채용이나 육성 방법을 재검토하는 등의 테마가 있습니다. 해외에서 활약할 수 있는 인재를 늘린다거나, 여성이 활약하기 쉬운 직장으로 거듭나기 위해 업무 방식을 변경한다거나, 외국인을 더 고용한다든가 하는 것도 이 분야입니다.

네 번째는 '재무 분야'입니다. 차입금의존도를 낮춘다거나, 유휴부동산을 처분하거나, 재고나 자산의 소유 방법 등 재무제표 구조를 크게 바꾸는 것 등이 있습니다.

다섯 번째는 '업무 분야'입니다. 최신 IT 기술 등을 사용해, 선진국 중에서도 비효율적이라고 평가받는 화이트칼라의 생산성을 높이는 것 등이 있습니다.

마지막 여섯 번째는 'IT 분야'입니다. 최근에는 AI나 IoT 등 선진 IT 기술이 실용화되어 있으므로, 그것들을 이용해 자동으로 작업이나 업무를 처리되도록 하거나, 자택이나 외부에서 업무를 처리할 수 있도록 하는 분야를 생각할 수 있습니다.

이상으로 여섯 가지 분야를 소개했습니다만, 각 분야의 개혁이나 변혁이 필요한지는 기업이나 조직에 따라 다르기 때문에, 자사에 필요한 분야를 골라, 어떻게 변화시키면 좋을지 검토하면 되겠습니다.

· 조직 변혁의 8단계

그럼 개혁이나 변혁을 단행할 때에는 어떠한 과정을 거쳐야 할 필요가 있는지에 대해 소개하겠습니다.

개선은 현재 상태에서 조금씩 좋아지게 하는 것이기 때문에, 현재 상태에서 시작할 수 있지만, 개혁이나 변혁이 요구되는 경우, '이대로는 안 된다!' 하는, 현상을 부정하는 것부터 시작해야 합니다.

도표 0-3은 미국 하버드비즈니스스쿨 존 코터 명예교수의 『기업변혁력』에서 말한 여덟 가지 단계입니다.

맨 첫 단계는 '위기의식을 조성하다'입니다. 사람은 누구나 변화가 없는 편이 편하기 때문에, 사고방식도 일도 될 수 있으면 변화가 없기를 바랍니다. 그렇기 때문에 우선 '이대로는 안 된다' '변해야 한다' 하고 모두가 위기의식을 가져야 합니다. 이 단계가 잘 진행되지 않으면, 다음 단계로 넘어갈 수 없습니다.

두 번째 단계는 '변혁을 단행하기 위한 연대'입니다. 이대로는 안 된다고 느끼기만 해서는 아무것도 바뀌지 않습니다. 그럼 어떻게 하면 좋을지 강

도표 0-3 조직 변혁의 8단계

1. 위기의식을 조성하다
2. 변혁을 단행하기 위한 연대
3. 비전과 전략을 만들다
4. 비전과 전략을 철저히 이해하다
5. 종업원이 자발적으로 행동하도록 촉구한다
6. 단기적 성과의 중요성
7. 성과를 살려, 한층 더 변혁을 진행시킨다
8. 새로운 방법과 기업문화의 형성

한 문제의식을 가진 사람들끼리 이야기를 해볼 필요가 있습니다. 그것이 변혁이나 개혁을 단행하기 위한 '연대'입니다. 닛산자동차에서는 '크로스 펑셔널 팀Cross Functional Team'을 결성해서 검토하고 있습니다.

세 번째 단계는 '비전과 전략을 만들다'입니다. 이것이 중기경영계획에 해당합니다. 닛산은 앞서 말한 닛산 리바이벌 플랜을 크로스 펑셔널 팀을 중심으로 해서 만들었습니다.

네 번째 단계는 '비전과 전략을 철저히 이해하다'입니다. 중기경영계획의 발표와 전달이 이에 해당합니다. 여기까지 전반부가 끝났습니다.

중기경영계획을 세우기 위해서는 위의 네 단계만으로도 충분하지만, 실행해서 성과를 내려면, 다음 네 단계가 필요합니다.

다섯 번째 단계는 '종업원이 자발적으로 행동하도록 촉구한다'입니다. 개혁이나 변혁에는, 공표한 중기경영계획을 바탕으로, 수동적이지 않고 스스로 개혁이나 변혁을 위한 행동을 제안하거나 실행할 필요가 있습니다. '사실 이러이러하게 생각합니다' 하는 제안을 사내에서 받는 것입니다.

여섯 번째는 '단기적 성과의 중요성'입니다. 오랫동안 성과가 나지 않으면, 그것이 필요하다고 생각해도, '정말로 이래도 되는 걸까?' 하는 의심이 들기 마련입니다. 이러한 작은 의심이 발단이 되어, 개혁이나 변혁이 정체되거나 좌절되는 일은 피해야 합니다. 그러기 위해서도, 초기에 눈에 띄는 성과를 낼 수 있도록 하는 것이 중요합니다.

일곱 번째는 '성과를 살려, 한층 더 변혁을 진행시킨다'입니다. 단기적인 성과를 내게 되면, '이렇게 계속 진행해도 괜찮구나' 하는 안도감과 자신감이 생기고, 동력이 생깁니다.

마지막 단계는 '새로운 방법과 기업문화의 형성'입니다. 지속적으로 변혁이나 개혁 활동을 하다 보면, 현재 상태에 변화를 주는 일에 저항감이 적어지고, 낡은 가치관과 방식이 새로운 것으로 바뀌게 됩니다. 그것을 계속 실행하면, 새로운 방법과 기업문화가 탄생하게 됩니다.

그 후로 많은 일본 기업의 경영자들이 이 방법을 따라 했습니다. 코터 교수의 이론은 주로 미국과 유럽의 기업이나 조직을 분석 대상으로 한 것이지만, 각 국가의 기업들도 실현 가능했기에 동서를 막론하고 적용할 수 있음이 실증되었습니다.

여러분의 회사가 개혁이나 변혁이 필요하게 되었을 경우에도 이 8단계를 거치게 될 것입니다.

개혁이나 변혁은 성공하게 되면 그에 따른 성과는 크겠지만, 한편으론 실패할 리스크 역시 있습니다. 과거 많은 기업이나 경영자가 실패했고, 공식 석상에서 사라진 것도 사실입니다. 하지만 큰 변화가 필요함에도 그것을 거부한 기업은 점차 뒤처지게 될 것이고, 머지않아 퇴장하게 될 운명만 기다리고 있을 것입니다. 어떤 길을 선택할 것인가는 경영자에 달려 있습니다.

이처럼 개혁과 변혁은 리스크도 크기 때문에, 성공하기 위한 메소드, 사고방식과 노하우, 스킬이 필요합니다.

그것들을 크게 분류하면, 앞서 말한 '변혁 및 개혁 사고'를 비롯해, **도표 0-4**를 보면 알 수 있듯이 바람직한 비전 설정이나 적확한 전략을 세울 수 있는 '비전 및 전략 사고', 신규 사업에 필요한 '창조 사고', 조직 구성원의 사고방식을 포함해 커다란 변화를 주기 위해 필요한 '매니지먼트 리더십 사고' 등이 있습니다.

도표 0-4의 '오퍼레이션 사고'와 '개선 사고'는 통상 업무를 하면서도 자연스럽게 체득할 수 있지만, 그 이외의 사고법은 의식해서 배워야 하고, 체험을 통해서 습득하지 않으면 어려운 것뿐입니다. 그것은 전쟁에 임하면서 병법의 지식이 필요한 것과 같습니다.

(2) 코퍼레이트 거버넌스 코드에 의한 요건

일본의 주식공개기업은 2015년 6월부터 도쿄증권거래소가 정한 '코퍼레이트 거버넌스 코드Corporate Governance Code, 지배 구조 지침'에 준거하도록 하고 있습니다.

이 코퍼레이트 거버넌스 코드는 다섯 가지의 기본 원칙으로 되어 있습니다.

① 주주의 권리와 평등성 확보
② 주주 이외 이해관계자와의 적절한 협동

도표 0-4 요구되는 사고법의 차이

#	구분	대상층과 접근법	내용	필요한 지식, 사고 프레임 워크
6	비전·전략 사고	· 경영자, 사업부문 책임자, 기획 담당자 · 톱다운 방식이 필요	· 바람직한 미래상이나 높은 목표를 설정하고, 이를 실현하는 전략을 짜, 계획에 반영하고 실행한다.	· 비전 전략 수립 프레임워크, 3C 분석, SWOT 분석, 퍼실리테이션 스킬 등
5	창조 사고	· 새로운 시장이나 고객 니즈를 파악해, 신상품이나 서비스, 새로운 비즈니스 모델을 만들고, 실현해간다.	· 발상법, 마케팅 지식, 조사 분석력, 비즈니스 모델, 전략 발상, 사업 수지, 사업 계획서 작성, 기업가 정신 등	· 신규 사업 기획, 제안, 추진자에게 요구된다
4	변혁·개혁 사고	· 경영자, 매니저 · 톱다운 방식이 필요	· 현재의 비즈니스 프로세스, 영업 및 생산 방법, 사업소, 요원체제, 조직 등을 대폭 재편성하거나, 제품 및 서비스 내용을 대폭 개선하는 등	· 논 t리사고, 제로 베이스 사고, 전사적 혹은 경영적인 시점, 문제해결법과 과제해결법, 벤치마킹 등
3	매니지먼트 리더십 사고	· 리더층, 매니저층 이상	· 업무와 사람이나 조직을 동시에 관리하는 것으로 효율이나 성과를 최대화 · 리더십을 발휘하여, 높은 목표에 도전해간다	· 전체적 시점, 목표 설정, PDCA, 역할 분담, 분위기 조성, 보고, 연락, 상담, 동기, 팀워크, 지도와 육성, 솔선수범 등
2	개선 사고	· 현장 담당자, 매니저 · 바텀업 방식으로 실행 가능	· 문제점이나 정체되는 지점을 찾아내, 해결함으로써 품질이나 생산성을 높인다	· 삼현주의, 착안, 문제해결법, QC 7가지 도구, ISO, 5S 등
1	오퍼레이션 사고	· 현장 매니저와 담당자에게 필수 · 현장에서 실행	· 업무를 처리한다 · 필요한 수량을 요구하는 품질로 납기대로 맞춘다	· 업무에 요구되는 QCD, 업무 지식 및 스킬, 요원 수, 기계 능력 및 유지보수, 업무가 가능한 인재육성, 코스트 의식 등

③ 적절한 정보 개시와 투명성 확보

④ 이사회 등의 책무

⑤ 주주와의 대화

이 중, ④와 ⑤에서 중기경영계획이나 경영 목표에 관련한 원칙이 기술되어 있습니다.

> **【보충 원칙 4-1 ② 중기경영계획】**
>
> 이사회나 경영진은 중기경영계획도 주주와의 약속 중 하나라는 인식을 가지고, 목표를 실현시키기 위해 최선의 노력을 다해야 한다. 가령, 중기경영계획이 목표에 미달하여 끝났을 때에는 그 원인이나 자사가 실행한 대응 내용을 충분히 분석해, 주주에게 설명함과 동시에, 그 분석을 이후의 계획에 반영해야 한다.
>
> **【원칙 5-2. 경영 전략과 경영 계획의 수립 및 공표】**
>
> 경영 전략과 경영 계획의 수립 및 공표에 있어서 수익 계획이나 자본 정책의 기본적인 방침을 나타냄과 동시에, 수익력, 자본 효율 등에 관한 목표를 제시하고, 경영 자원의 배분 등에 관해 구체적으로 주주에게 알기 쉬운 말과 논리로 명확하게 설명해야 한다.

이러한 것들로부터 중기경영계획을 주주에 대한 커미트먼트Commitment, 필수 달성 목표로서 인식하고, 계획을 만들어두기만 하지 않고 사후관리가 필요하며, 경영 목표로서는 이익 목표뿐만 아니라 자본 효율도 명확히 표

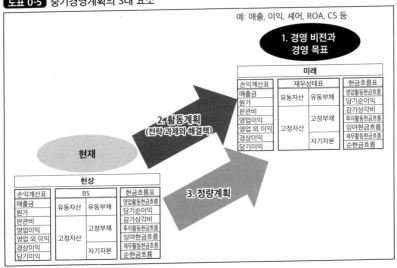

도표 0-5 중기경영계획의 3대 요소

예: 매출, 이익, 셰어, ROA, CS 등

1. 경영 비전과 경영 목표

미래		
손익계산표	재무상태표	현금흐름표

2. 활동계획 (전략 과제와 해결책)

현재

3. 정량계획

현상		
손익계산표	BS	현금흐름표

시할 필요가 있음을 알 수 있습니다. 자본 효율을 나타내는 지표로서 자산이익률나 자기자본이익률을 생각할 수 있습니다.

(3) 중기경영계획의 3대 요소

중기경영계획을 세부적으로 나누면 다양한 요소가 있지만, 크게는 세 가지 요소로 나눌 수 있습니다(도표 0-5).

하나는 '경영 비전과 경영 목표'입니다. 미래에 어떤 회사나 조직을 목표로 할 것인가를 정량적인 면과 정성적인 면에서 내세웁니다. 또한, 정량적인 측면은 매출액이나 이익 목표로 대표되는 경영 목표를 가리키며, 정성적인 측면은 '○○업계 세계 1등'과 같은 경영 비전을 가리킵니다.

한때는 매출액 등 정량 목표만 제시하는 회사도 있었는데, 정량 목표만으로는 어떠한 회사가 되고 싶은지 전달되지 않습니다. 이 때문에, 정성적인 목표인 경영 비전도 필요한 것입니다.

또, 전략 과제와 그 해결책이라는 의미에서 '활동계획'입니다. 경영 목표나 경영 비전을 달성하기 위해서, 작전으로서의 전략이 필요합니다. '새로운 성장을 기하기 위해서 신규 사업에 참여한다'나, '그러기 위해서 M&A를 단행한다' 하는 것들이 그러한 전략의 예시입니다. 그리고 작전을 전술로서 구체화한 것이 활동계획이 됩니다.

마지막은 '정량계획'입니다. 경영 목표에 도달하기 위해서 '각 연도별로 얼마만큼 매출액을 올릴 것인가' '얼마만큼 판매관리비를 줄이고, 이익을 낼 것인가' '어느 정도 순자산을 늘려서 안전성을 제고할 것인가'와 같은 수치면에서 본 계획을 말합니다.

중기경영계획이라고 해서 경영 목표와 정량계획만 나타내는 기업이 지금도 있지만, 그러면 '어떠한 회사가 되고 싶은가' 하는 경영 비전이나 '어떻게 해서 달성할 것인가' 하는 전략 및 활동계획이 없는 곳이 되어, 중요한 요소가 빠진 중기경영계획이 되어버립니다. 3대 요소가 빠짐없이 갖춰진 계획을 세우도록 합시다.

(4) 중기경영계획에 요구되는 10대 목차

방금 언급했던 중기경영계획의 3대 요소를 문서로 정리해서 발표하려 하면, **도표 0-6**과 같이 10대 목차로 나타낼 수 있습니다. 대기업에서는, 이 목차를 갖춰서 대외적으로 발표하는 곳도 볼 수 있습니다.

대강 살펴보도록 하겠습니다. 첫 번째는 '전 중기경영계획에 대한 반성'입니다. 코퍼레이트 거버넌스 코드에서도 요구되었듯, 새로운 중기경영계획을 세우기 전에 그 이전 계획이 어땠는지, 소기의 성과를 얻을 수 있었는

도표 0-6 중기경영계획에 요구되는 10대 목차

1. 전 중기경영계획의 반성

전 중기경영계획의 목표 달성 상황과 과제

2. 경영 비전 관련 테마

장래, 자사가 지향하는 모습, 타사와의 차이

3. 업적 향상 관련 테마
　(경영 목표, 매출액, 이익 관련 항목)

자사 그룹 전체, 단체, 사업별 등을 구분해서 경영 목표와 전략을 명확히 한다

4. 사업 전략 관련 테마

경영 비전, 실적 목표를 달성하기 위해서 취하는 사업 전략을 가리킨다

5. 고객 가치, 브랜드 향상 관련 테마

고객 가치를 어떻게 높일지, 기업 브랜드를 어떻게 향상시킬지를 가리킨다

6. 재무 구조 개혁 관련 테마

유이자부채의 압축, 투자자금 달성 등 재무면에서의 개혁 방향성을 가리킨다

7. 투자 관련 테마

어떠한 분야에 어느 정도 규모로 투자하고, 어느 정도 기간을 두고 회수할 계획인지를 가리킨다

8. 조직 전략 관련 테마

비전과 전략을 실현하기 위해 조직을 어떻게 변화시킬지를 가리킨다

9. 기능별 전략 관련 테마

영업, 개발, 제조, 관리 등 조직 기능마다 중요한 개혁 테마와 목표를 가리킨다

10. CSR 관련 테마

환경문제, 준법, 보안 등 기업에게 요구되는 사회적 책임을 다하기 위해 시행하는 시책을 가리킨다

지, 해야만 하는 일을 할 수 있었는지, 할 수 없었던 일은 무엇이고, 왜 할 수 없었는지, 앞으로 무엇이 과제인지 등을 정리해서 반성할 필요가 있습니다.

달성할 수 없었던 것은 그 회사의 '약점'일 가능성도 있기 때문에, 해당 약점을 극복할 수 있도록 과제 설정과 실행을 차기 중기경영계획에 반영해야 합니다.

두 번째는 '경영 비전 관련 테마'로, 앞서 말했던 3대 요소 중 정성 목표 부분에 해당합니다.

세 번째는 '업적 향상 관련 테마', 즉 경영 목표와 정량 목표를 명확히 밝히는 것입니다.

네 번째는 '사업 전략 관련 테마'입니다. 경영 비전이나 경영 목표를 달성하기 위해서 사업별로 어떠한 전략을 강구할 것인가 구체적인 방책은 무

엇인가를 논하는 것입니다.

다섯 번째는 '고객 가치, 브랜드 향상 관련 테마'입니다. B2B나 B2C에 관계없이, 어떻게 고객 가치를 높여, 사명이나 상품명 같은 브랜드 인지도나 이미지를 제고할 것인가를 명확하게 합니다.

여섯 번째는 '재무구조 개혁 관련 테마'입니다. 유이자부채의 압축이나 투자자금 확보 방법 등 재무적인 과제와 대처를 논합니다.

일곱 번째는 '투자 관련 테마'입니다. 사업 전략과 관련지어 어떠한 사업이나 분야에 어떠한 투자를 할 것인가 명확하게 합니다.

여덟 번째는 '조직 전략 관련 테마'입니다. 조직 구조나 조직 운영 방법을 어떻게 바꿔갈 것인가에 대해 논합니다.

아홉 번째는 '기능별 전략 관련 테마'입니다. 영업이나 개발, 생산, 관리 등 기능별 조직마다의 전략을 명확히 내세웁니다.

마지막으로 'CSR 관련 테마'입니다. 환경문제, 준법 대응, 보안 강화 등의 테마가 있습니다만, 기업에 따라서는 CSR 리포트 등으로 대체하는 케이스를 볼 수 있습니다.

이 10대 목차는 모두 갖춰야만 하는 것은 아니며, 업종이나 기업 규모, 혹은 시의성 있게 추가하거나 할애할 수 있습니다. 기본적으로는 3대 요소를 최소한 갖춰야 합니다.

(5) 중기경영계획 수립을 성공시키기 위한 요소

중기경영계획을 수립하는 일 자체에는 어느 정도 시간과 노력이 필요합니다. 수립 작업을 성공시키기 위해서는 **도표 0-7**에도 나와 있듯, 몇 가지 요소를 갖춰야 합니다.

첫 번째는 '경영자의 관여'입니다. 회사나 조직을 크게 바꾸려고 할 경우, 경영자나 조직의 대표가 적극적으로 대처할 필요가 있습니다. 경영기획 부서에만 맡기는 게 아니라, 경영자 스스로 비전과 목표 설정, 전략 수립에 주체적으로 관여해야 합니다.

두 번째는 '참가 구성원 성향과 의욕'입니다. 때로는 수립 프로젝트가 손이 비는 사람에게 할당되는 일이 있습니다만, 이는 논외로 하겠습니다. 가령 그렇게 선정되었다면, 프로젝트 미팅에서 직장이나 상사에 대한 불만사항만 문제점으로서 언급될 뿐입니다. 당연히 프로젝트 분위기는 나빠질 것이며, 회사의 미래를 이야기하는 자리가 아니게 될 것입니다.

일은 잘하는 사람에게 모이는 경향이 있습니다. 그러니 일머리가 좋은 사람일수록 수립 프로젝트에 관여해, 이 회사를 어떻게 하면 좋을지, 또 어떻게 대처하면 좋을지에 대해 적극적으로 들어야 합니다. 한편, 애써 실력 있는 사람들을 모아놨는데 검토만 하거나 제언해도 받아들여지지 않을 가능성이 있다면, 부담감만 늘어날 뿐 의욕은 생기지 않습니다. 이 때문에, 실력 있는 멤버에 의한 진지한 논의 결과가 받아들여지도록 할 필요가 있습니다.

또, 사내에 참견하기 좋아하는 중역이 있는 케이스가 있는데, 그런 사람을 멀리하면, 마지막에 가서 판을 깨버릴 가능성이 있습니다. 도중에 의견을 묻는 등 소외감이 들지 않도록 하는 편이 좋겠죠.

세 번째는 '수립 프레임워크와 진행 방법'입니다. 중기경영계획은 통상 3개월부터 반년 사이에 짤 수 있습니다. 짧은 것 같지만 도중에 여러 공정이 있기 때문에 확실한 행정표 없이 검토를 진행하면, 도중에 길을 잃고 순조롭지 않게 되며, 프로젝트 멤버들도 업무 때문에 바쁘다는 이유로 참가하

도표 0-7 책정을 성공시키기 위한 요소

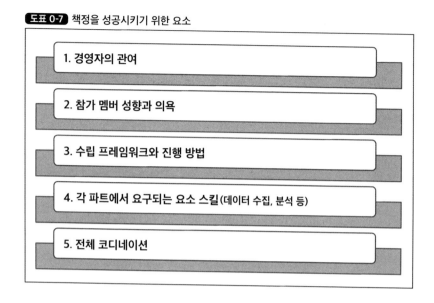

1. 경영자의 관여

2. 참가 멤버 성향과 의욕

3. 수립 프레임워크와 진행 방법

4. 각 파트에서 요구되는 요소 스킬(데이터 수집, 분석 등)

5. 전체 코디네이션

지 않게 됩니다. 그러니 처음부터 확실한 프레임워크를 기반으로 검토할 수 있게, 이 책에서 소개하는 프레임워크를 참고하여, 자사에 맞는 절차를 정해 진행하도록 합니다.

네 번째는 '각 파트에서 요구되는 요소 스킬'을 갖출 필요가 있다는 것입니다. 이 책에서 소개하는 '비전 및 전략 수립 프레임워크'는 **도표 0-8**과 같이 ① 비즈니스 환경분석, ② 비전 설정, ③ 전략 수립, ④ 활동 및 정량계획 구체화, 이렇게 네 개의 파트가 있습니다만, 각 파트에서 요구되는 지식이나 요소, 스킬은 다릅니다. 상황에 닥쳐서 하기엔 늦기 때문에, 미리 그것들을 체득해둘 필요가 있습니다.

다섯 번째는 '전체 코디네이션'입니다. 앞의 네 개 파트는 회사에 따라서 순서가 달라지기도 합니다. 자사에 적합한 순서대로 진행하는 것은 단계적으로 방식을 정해가는 것이 아니라, 미리 처음부터 끝까지 과정을 정해

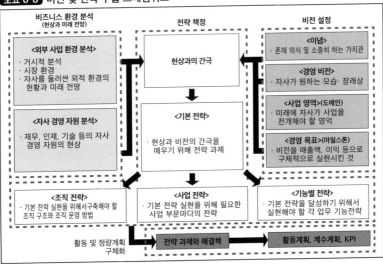

도표 0-8 비전 및 전략 수립 프레임워크

비즈니스 환경 분석 (현상과 미래 전망)	전략 책정	비전 설정
〈외부 사업 환경 분석〉 · 거시적 분석 · 시장 환경 · 자사를 둘러싼 외적 환경의 현황과 미래 전망	**현상과의 간극**	**〈이념〉** · 존재 의식 및 소중히 하는 가치관

〈경영 비전〉 · 자사가 원하는 모습·장래상

〈사업 영역〉(도메인) · 미래에 자사가 사업을 전개해야 할 영역

〈자사 경영 자원 분석〉 · 재무, 인재, 기술 등의 자사 경영 자원의 현상

〈기본 전략〉 · 현상과 비전의 간극을 메우기 위해 전략 과제

〈경영 목표〉(마일스톤) · 비전을 매출액, 이익 등으로 구체적으로 실현시킨 것

〈조직 전략〉 · 기본 전략 실현을 위해서 구축해야 할 조직 구조와 조직 운영 방법

〈사업 전략〉 · 기본 전략 실현을 위해 필요한 사업 부문마다의 전략

〈기능별 전략〉 · 기본 전략을 달성하기 위해서 실현해야 할 각 업무 기능전략

활동 및 정량계획 구체화   **전략 과제와 해결책**   **활동계획, 계수계획, KPI**

서 대처할 필요가 있습니다. 그렇지 않으면 도중에 어려운 국면에 맞닥뜨렸을 때, 프로젝트 안에서 의견이 갈리거나, 최악의 경우 일이 틀어질 수도 있습니다.

이 다섯 가지 요소를 모두 갖춘다면, 중기경영계획 수립이라는 프로세스를 성공시킬 수 있습니다.

만화에서는 서로 다른 타입의 두 회사가 각각 상이한 방법으로 진행합니다. 각 진행 방법에서 어려운 점이나 유의점 등을 소개하고자 하니, 참고하길 바랍니다.

(6) 각 파트에서 요구되는 지식과 스킬

각 파트에서 요구되는 스킬을 간단하게 알아보겠습니다(**도표 0-9**).

① 비즈니스 환경 분석 파트에서는, 데이터 수집 및 분석 스킬 등의 분석

적인 지식이나 스킬이 필요합니다. 보통 스태프들은 비교적 이 파트에 능숙합니다. 하지만 그저 무작정 정보를 수집해서, 무엇이 중요한 정보이며, 무엇을 근거로 어떠한 판단이나 과제를 설정해야 하는지 모른다면, 방대한 정보와 의견의 바다에 빠져 허우적대고 있을 것입니다.

예를 들어, 프로젝트 멤버에게 직장이나 업무의 문제점을 제시해달라고 해봅시다. 그러면 본인의 불평불만을 비롯해 다양한 것들이 올라오겠죠. 사무국은 그것들을 정리해서, 중요성이나 긴급성에 근거해 과제를 설정할 필요가 있습니다. 만화에서는 야마모토전기의 직원들이 그러한 국면에 처해 있습니다.

② 비전 설정 파트는 **도표 0-9**에서 볼 수 있듯이 가치관이나 생각의 도출, 목표의 차이를 조정하는 등, 주로 퍼실리테이션 스킬이 중요합니다.

예를 들어, 경영 목표를 설정하는 일에 대해 다섯 명에게 물으면 각각 다른 다섯 가지 의견이 나옵니다. 최종적으로는 사장이 결정하도록 하는 방법도 있지만, 그에게도 근거가 될 만한 판단 재료가 필요합니다. 이와 같이 구성원 모두의 생각이나 의견을 이끌어내면서 정리해가는 것을 '퍼실리테이션'이라고 합니다. 이 방법을 체득해두지 않으면, 이 파트를 원활하게 정리하기란 쉽지 않습니다.

③ 전략 수립 파트는 전략 및 비즈니스 모델에 관한 지식이나 로지컬 씽킹이라고 하는 스킬이 키가 됩니다.

전략 유형에 대해서는 전략 수립 파트에서 해설해두었으니, 참고하길 바랍니다.

④ 활동 및 정량계획 구체화 파트에서는 전략을 전술에 녹이거나, 계획화하는 등, 세분화 스킬이 중요하게 됩니다.

도표 0-9 각 파트에서 요구되는 지식 및 스킬

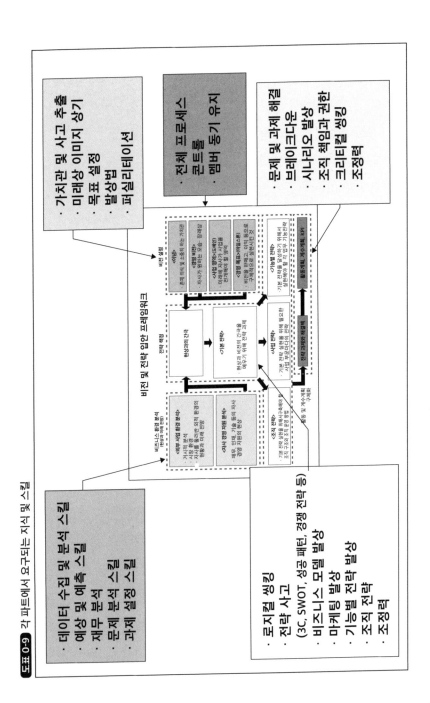

어떤 전략도 최종적으로는 업무로서 실행될 필요가 있기 때문에, '전략 과제→과제 해결책→시책→계획'과 같이 세분화해갑니다.

(7) 현상분석선행형인가? 비전선행형인가?

미래상이나 목표를 설정하는 방법에는 '현상분석선행형 접근법'과 '비전선행형 접근법'의 두 가지 방법이 있습니다(도표 0-10).

현상분석선행형 접근법은 '포캐스팅형 접근법'이라고도 하는데, 최초로 현상을 분석하고, 그 문제점이나 과제를 선정하고, 해결책을 검토한 끝에, 그것을 실행하면 어디까지 도달할 수 있을까 하는 미래상이나 목표를 설정합니다. 이 발상법은 누구나 할 수 있는 것이니 이해하기 쉽지만, 목표가 낮아지거나, 꿈이 없는 미래상이 되기 쉽다는 난점이 있습니다.

한편, 비전선행형 접근법은 '백캐스팅형 접근법'이라고도 하고, 맨 먼저 바람직한 미래상을 검토하고 설정한다는 큰 차이점이 있습니다. 처음에 목표를 설정한 다음, 현상으로 돌아가 그 간극을 분석하고, 어떻게 하면 그 간극을 메울 수 있을까 검토합니다.

이 발상법의 특징은 먼저 원하는 모습을 목표로 높게 설정하거나 꿈을 크게 그릴 수 있다는 점을 들 수 있습니다. 하지만 단순한 소원이나 실현 방법을 마땅히 찾기 어려운 목표라면, 꿈 같은 이야기로 끝날 가능성이 있습니다.

세상 90% 이상의 사람은 포캐스팅형 발상법에 의지하며, 백캐스팅형의 발상법은 하지 않습니다. 오히려 높은 목표를 설정하는 것을 주저합니다. 목표를 달성하지 못하는 걸 꺼려하거나, 상사에게 혼이 날 것을 두려워하기 때문입니다. 또, 목표를 높게 설정하면, 그만큼 업무는 힘들게 되기 마

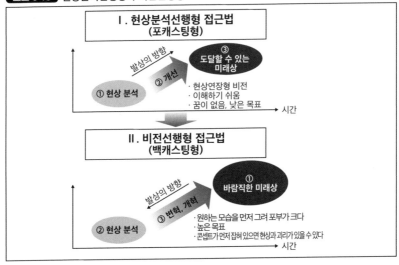

련입니다. 대개 사람은 힘든 것을 싫어하기에, 목표를 낮게 설정하는 데 만족하려고 합니다. 이런 사람들의 심리는 실패하고 싶지 않아 하며, 편하게 지내고 싶고, 혼나기 싫어하고, 거절당하는 것을 두려워하며, 책임지기 싫어합니다.

반면, 백캐스팅형으로 성공한 기업이나 경영자를 보면, 회사를 대표하는 자신이 백캐스팅형으로 발상하며, 대다수인 포캐스팅형 사람들이나 조직을 이끄는 경우가 적지 않습니다.

자사에게 개혁이나 변혁이 요구되는 경우, 이 백캐스팅형으로 발상할 필요가 있습니다. 개선으로 끝나는 경우에는, 모두가 할 수 있는 포캐스팅형 발상법을 이용해 계획을 세우고, 진행하면 별문제 없지만, 개혁이나 변혁을 단행해야 한다면 어려운 문제에 직면하게 됩니다.

도표 0-11 책정 순서를 확인한다

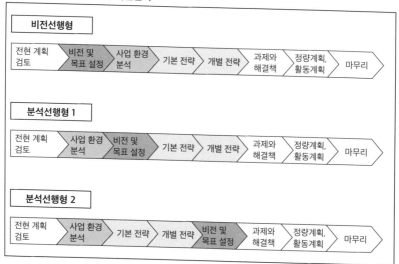

(8) 수립 순서를 확인한다

백캐스팅형으로 중기경영계획을 수립하는 경우, **도표 0-11**처럼 ② 비전 설정 파트부터 시작해, ① 비즈니스 환경 분석→③ 전략 수립→④ 활동 및 정량계획 구체화의 순으로 진행합니다. 한편, 포캐스팅형으로 수립할 경우엔 ① 비즈니스 환경 분석부터 시작합니다.

만화에서 야마토무역은 백캐스팅형으로 진행하고, 야마모토전기는 포캐스팅형으로 진행합니다. 포캐스팅형으로 진행하는 경우에도 ①→②→③→④의 분석선행형1과 ①→③→②→④의 분석선행형2, 두 가지 패턴이 있습니다(**도표 0-11 참조**).

이렇게 보면 경영자의 스타일과 요구되는 변화 정도에 따라 어느 순서로 할지 정해지겠지만, 어려운 것은 경영자는 포캐스팅형으로 생각을 하는데, 요구되는 변화가 개혁이나 변혁인 상황입니다. 경영자의 성향에 맞출 것인지, 요구되는 변화에 맞게 경영자의 생각을 바꿀 것인지 선택할 필요가 있습니다.

일반인 중에서 백캐스팅형 발상법으로 생각하는 사람은 10%도 안 되지만, 우수한 영업 사원 등 백캐스팅형 발상법으로 일을 잘하는 사람에게 물어보면 후천적으로 체득한 사람이 대부분인 것을 알 수 있습니다. 그러니 지금은 포캐스팅형 발상법만 할 수 있는 사람이라도, 백캐스팅형 발상법을 연습해서 대처하는 것도 가능합니다.

자사의 상황, 경영자의 수용도에 맞게 수립 순서를 선택하면 됩니다.

(9) 수립 방법과 체제

중기경영계획을 세우는 방법에는 크게 네 종류가 있습니다.

① 프로젝트 방식

이것은 경영기획 담당 간부 등이 프로젝트 리더가 되어, 사내 각 부문에서 부과장급이 멤버로 참가하고, 킥오프부터 몇 개월에 걸쳐 프로젝트 원안을 짜고, 경영회의 또는 사장에 제안하는 방식입니다. 사장은 '프로젝트 오너'라는 위치에 있습니다. 제가 지도하는 경우에는, 대부분 이 형식입니다. 만화에서는 야마토무역이 이런 방식입니다.

② 현행 조직 중심 방식

이것은 임원 이상의 경영진이 현상 분석, 비전 설정, 기본 전략 설정까지의 전반부를 검토하고, 그 이후를 각 부문 부과장급이 개별 전략부터 활동계획까지 구체화하는 방법입니다. 전후반으로 나누어 역할을 분담하기 때문에, 사내에서 진행한다면 이러한 방식도 가능한 것이겠죠.

③ 경영 기획 중심 방식

이것은 경영 기획이 사무국이되어, 포인트마다 경영자를 포함한 임원의 의향이나 생각을 확인하면서 사업부나 각 부문에 내용을 기입하거나 구체화를 요청한 다음, 한데 모으는 방식입니다.

사장의 의향에 따라 경영 계획을 세울 수 있지만, 각 부서 간의 논의가 부족해지는 경향이 있으며, 납득성과 실현성에 어려움이 있습니다.

만화에서는 야마모토전기가 이 방식과 프로젝트 방식을 섞어서 진행하고 있습니다.

④ 합숙 연수 방식

이것은 벤처, 또는 비교적 소규모 기업 경영진이나 부문장이 주말 등에 정기적으로 모여, 합숙하며 몇 번씩 검토하고, 정리하는 방식입니다. 상호 신뢰 관계에 있으며, 참가자가 스스럼없이 적극적으로 발언할 수 있는 분위기의 회사라면 효과적이겠죠.

· 퍼실리테이션의 필요성

우리나라는 서열이나 체면을 중요시하기 때문에, 토론을 피하는 경향이 있으며, 회의를 열어도 침묵을 지킬 뿐 활발한 토의가 이루어지지 않은 경우가 있습니다.

이전 중기경영계획 퍼실리테이션을 의뢰한 회사에서는, 사장이 임원을 소집해 논의를 하려 했으나 모두 가만히 있기만 하고 잘 진행되지 않았기 때문에, 구성원들이 적극 참여하는 법에 대해 상담을 한 적이 있었습니다. 그래서 워크숍을 열어서 프레임워크를 주고는 소수 몇 사람끼리 그룹 토의를 할 수 있도록 하니, 다른 사람이 된 것처럼 활발하게 토론이 이루어졌습니다. 곁에서 듣고 있던 사장도 참 기뻐했습니다.

중기경영계획은 예산 등의 차이, 지금까지와는 다른 사고방식이나 접근법을 취해야 함을 모든 구성원들이 의논하고 공유할 필요가 있기 때문에, 전원이 각자의 생각을 가지고, 발언하고, 토론을 통해 합의할 수 있는 합리적인 결론을 이끌어내야 합니다. 이 때문에 참가자의 토론을 촉구하는 퍼실리테이션이 잘 이루어질 수 있도록 퍼실리테이터가 필요합니다. 사내에서 토론을 시키고 싶다면, 우선 퍼실리테이션 스킬을 익혀 능숙하게 만들 필요가 있습니다.

(10) 수립 스케줄

수립 스케줄은 통상 3개월에서 6개월 사이에 짭니다.

단, 그 순서는 비전선행형인지 현상분석형인지에 따라 달라집니다. **도표 0-12**에 있는 것은 프로젝트형으로, 역시 비전선행형이었던 야마토무역에 가까운 타입입니다.

전적으로 참여할 수 있는 사람은 한정되어 있기 때문에, 업무에 지장이 가지 않는 범위에서 검토회 당일 프로그램에 맞춰 예비 검토나 과제를 할 수 있도록 시간적 여유가 있게 스케줄을 짭니다. 검토회에서는 소수의 인원으로 그룹을 지어 토론을 진행하도록 합니다.

(11) 워크시트 활용

도표 0-12 스케줄 사례-비전선행형 및 프로젝트형

	20○○년									20○○년	
	5월	6월	7월	8월	9월			10월	12월	1~3월	4월
이벤트	▼			▼			▼	▼			
프로젝트 미팅	킥오프 #1 (1일)	#2 (2일)	#3 (2일)	중간보고 #4 (2일)	#5 (2일)	#6 (2일)	마무리 보고 #7 (2일)	임원회의	승인		
테마	반성과 시나리오 설정	미래 비전 설정	비즈니스 환경 분석	갭과 전략	과제와 해결책	시나리오와 정량계획	통합화, 브러시업				
검토 사항	·진행 방식 ·과거 계획 ·영향이 큰 거시적 요인 ·트렌드 예측 ·시나리오 설정	·이념 확인 ·경영 비전 검토 ·도메인 검토 ·경영 목표 검토	·외부 사업 환경 분석 거시 적/시 장/경합 ·자사 경영 자원 분석 ·SWOT 분석 ·성공 패턴	·갭 분석 정성/정량 ·기본 전략 ·개별 전략 ·사업 ·기능별 ·조직	·전략 맵과 KPI 설정 ·테마별 그룹으로 과제와 개혁책 검토	·테마별 그룹으로 해결책 시나리오화 ·정량 계획 수립(사업부+사무국)	·#1~#6의 성과 물을 통합화&정합성 체크 ·브러시업	사장 방침 발표	예산 작성	새 중기경영계획 시작	
검토 형식	그룹 토의	부문 횡단적 그룹	횡단적 그룹 토의	횡단적 그룹 토의	테마별 그룹 토의	테마별 그룹 토의	사무국안을 전체 토의				
과제	시나리오 정리	#3의 사전 과제	#4의 사전 과제	#5의 사전 과제	#6의 사전 과제	#7의 사전 과제	정리				

주제만 주고 특별한 형식 없이 토론을 진행하게 되면, 논점이나 검토 내용이 산만해지기 마련입니다. 화이트보드에 쓰면서 하는 방식은 나중에 정리하는 것이 어렵습니다. 이렇기 때문에, 저는 고치 강사와 동일하게 워크시트를 활용하고 있습니다.

각 파트마다 워크시트 양식이 있고, 사전 과제나 당일 토론에서도 워크시트 베이스로 기입하거나 토론을 합니다. 그렇게 함으로써 일정 틀 안에

서 토론이 이루어지고, 워크시트에 추가나 수정, 삭제하는 것으로 브러시업이 이루어질 수 있습니다.

이처럼 워크시트를 활용함으로써 생산성이 높아지면서, 심도 있는 토론을 할 수 있습니다.

또, 경영 기획으로서 정리할 때에도, 워크시트 베이스로 한다면 따로 정리할 수고를 덜 수 있고, 동일한 양식으로 정리되어 있으면 참가자들에게도 보기 쉬운 자료가 됩니다.

(12) 성과가 오르는 중기경영계획 세우는 법

저는 회사에서 일할 때부터 중기경영계획을 세우는 일을 해왔습니다. 그리고 경영 컨설턴트가 되고 나서도, 다양한 회사에서 중기경영계획 세우는 일을 돕고 있습니다.

컨설팅이 끝나고 결과가 궁금해서 도움을 줬던 회사에 문의해볼 때가 있는데, 개중에는 사내에서 PDCA가 잘 진행되어 실적이 오른 회사가 있는 반면, 중기경영계획서가 책상 서랍 안에 넣어두고 꺼내볼 생각이 없는 회사도 있었습니다.

일반적으로 보면, 중기경영계획을 잘 실행한 회사는 실적이 올랐고, 실행하지 않은 회사는 실적이 침체되어 있는 경향이 강하다고 느꼈습니다. 이 사실에서, '어떻게 하면 실행할 수 있는 중기경영계획을 만들 수 있을까' 하는 문제의식을 가지게 되었습니다. 그리고 **도표 0-13**과 같은 단계에 도달하게 되었습니다.

① 우선 일찍이 중기경영계획이라고 하면 경영 목표와 정량계획만을 이

도표 0-13 성과를 올리는 중기경영계획 만드는 법

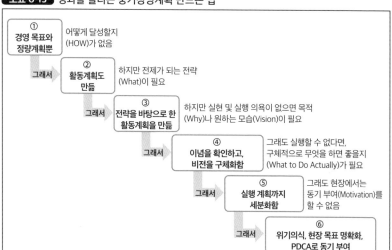

야기하는 회사가 많았기 때문에, 어떻게 목표를 달성할지에 대한 활동계획의 필요성을 주장했습니다.

② 그리고 활동계획을 만들었어도, 각 부문의 내용이 제각각이라면 정합성이 떨어집니다. 그렇다면 바탕이 되는 전략을 확실히 해둘 필요가 있습니다. 이를 위해 전략에 기초한 수립을 주장했습니다.

③ 하지만 전략이나 활동계획을 만들었더라도, 그것을 실현할 의욕이 없으면 실행으로 옮기지 않기에, 목적(Why)이나 목표로 하는 모습(Vision)을 명확하게 해둘 필요가 있습니다.

④ 이를 위해 사업 목적으로서의 이념을 명확하게 하고, 경영 비전을 구체화하도록 합니다.

⑤ 그 결과, 사후 방문한 회사로부터 '활동계획대로 진행하고 싶은데, 구체적으로 무엇을 해야 할지 모르겠다'라는 지적이 있었습니다. 그래서

실행 계획까지 세분화할 것을 제안하고, 지도했습니다.

⑥ 하지만 그래도 여전히 어떤 핑계를 대고 하지 않는 사람이 있기 때문에, 마지막으로 위기의식을 심어주거나, 현장 목표를 명확화하고, PDCA를 따랐습니다. 그렇게 했더니 드디어 실시할 수 있었으며 성과가 오르는 계획을 짤 수 있었던 것입니다.

중기경영계획은 수립하고 발표하는 것뿐 아니라, 실행할 수 있는 것으로 만들 것, 그러기 위해서는 실행할 수 있도록 계획까지 구체화할 것, 또 빠지는 사람이 없도록 실행 상황 진척도를 관리하는 것이 중요하다고 깨달았습니다.

만들기만 하면 끝나는 중기경영계획이 아니라, 실행해서 성과를 올리는 중기경영계획을 세우려고 마음먹었습니다. 그러기 위해서 어떻게 생각하고, 어떤 일에 몰두해야 하는지를 만화로 설명해두었으니, 참고하길 바랍니다.

02 비즈니스 모델의 재검토와 패러다임 전환의 촉구

구체적으로
분석하기 전에
거시적 시점으로
파악해두죠.

(1) 대전환의 시대—10년 후엔 어떻게 되어 있을까

평소 세계정세나 세상의 변화에 관심을 가지고 있던 사람이라면 모르겠지만, 갑자기 새롭게 중기경영계획 수립을 담당하게 된 경우라면, 시공간을 축으로 양면에서 거시적인 큰 변화를 파악해둘 필요가 있습니다.

도표 0-14에 있는 추후 10년 동안 일어날 큰 변화의 항목은 다양한 업종 및 사업에 공통적인 전제가 될 것이므로, 그 내용과 자사에 끼칠 영향을 파악해두어야 합니다.

또, 일본 기업은 제조업 분야에서 뛰어나지만, PC를 제조하는 것이 돈벌이가 되지 않게 된 것처럼, 제조의 '구조'라고도 할 수 있는 제품 아키텍쳐가 바뀌고 있는 것도 이해해야 합니다(도표 0-15 참조).

즉, 기업을 초월해 폐쇄적으로 연결된 관계로, 부품 설계의 상호의존도가 높은 필수불가결한(상호 조정이 필요) 상태라면, 자동차처럼 조립 회사가

1.	인구감소, 저출산 고령화
2.	지구온난화
3.	청정 에너지로 전환
4.	에너지 쟁탈전
5.	신흥국의 경제 성장과 정치력 강화 — 중국, 인도, 러시아, 브라질 등
6.	신흥국에서의 환경문제 심화 및 대책
7.	식량 쟁탈전
8.	내수형 기업의 해외 진출
9.	일본의 경제적, 정치적 위상의 저하
10.	만화, 에니매이션, 일식 등 일본문화의 수출
11.	인공지능 및 IoT 활용

리더십을 발휘해서 이익을 확보할 수 있습니다. 하지만 이것이 모듈 조립(폐쇄형 모듈러)이 가능하게 되었으며, 게다가 기업을 초월해 개방적으로 연결되자(개방형 모듈러), PC 제조업체의 전철을 밟게 되었습니다. 한편, 그러한 상황에서도 OS나 CPU 등, 핵심 부품으로 세계 점유율을 높게 차지할 수 있게 되자 상황은 크게 변합니다.

기술은 클로즈 인티그럴에서 클로즈 모듈러로, 그리고 다시 오픈 모듈러로 변화하는 경향이 있습니다. 일본의 자동차 제조업체가 아직까지도 글로벌 경쟁력을 발휘할 수 있는 것은 자동차 제품 아키텍쳐가 클로즈 인티그럴 방식이기 때문입니다. 하지만 이 분야도 전기자동차화에 의해 크게 변해갈 가능성이 있습니다.

특히 제조업체는 이런 제품 아키텍쳐의 변화를 내다봐야 합니다.

도표 0-15 제품 아키텍처의 변화

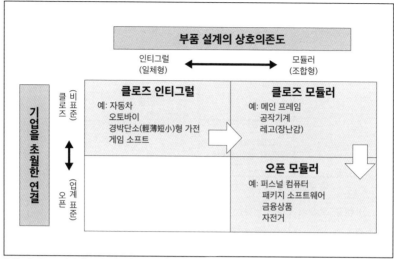

출처: 후지모토 다카히로, 『능력 구축 경쟁-일본의 자동차 산업은 왜 강한가』

(2) 자사 비즈니스 모델의 재검토

로테크 분야뿐만 아니라 하이테크 분야에서도 한국이나 대만, 중국 업체의 약진으로 선진국가들이 고전하고 있습니다. 유통업에서도 아마존 등 전자상거래 기업의 대두로, 기존 대형 유통업체는 위협받고 있습니다.

이런 상황에서 오직 제조업에만 구애되지 않고, 독자적 비즈니스 모델을 구축해 살아남거나 약진하는 기업을 볼 수 있습니다. 이와 같은 사실을 미뤄보면 기존 기업이나 사업에 있어서도, 자사 비즈니스 모델을 재구축함으로써, 경쟁력을 회복하기도 하고, 수익성을 유지할 수 있다는 걸 알 수 있습니다.

예를 들어, 건설기계업계에서는 고마쓰사가 KOMTRAX라는 시스템을 도입하여, 부가가치를 높여 경쟁력을 유지하고 있습니다.

좀 더 구체적으로 설명하자면, 판매하는 건설기계에 GPS나 가동 정보를

도표 0-16 고마쓰의 비즈니스 모델 진화

⑧ 파트너	⑥ 활동과 부가가치	④ 관계	② 제안	① 유저
· 부품 제조업체 + · IT 파트너	· 상품기획 및 제조 + · 정보제공 · 유지 관리 및 영업제안	· 계속적인 서비스 제공	· 상품+ · **위치 정보** · **가동 상황** · **유지 관리** **정보**	· 국내외 기업, 개인 (사용이 쉬움, 적당한 가격, 도난 대책, 고장 없음, 연비가 좋음, A/S가 잘 되어 있음)

③ 유통
· 판매점 및 대리점

⑦ 리소스
· KOMTRAX
· 유지 관리 노하우
· 공장 및 기술

⑨ 비용 구조	⑤ 수입과 흐름
· 부품+가공+조립 · **IT 비용+GPS 기기 비용↑**	· 기기 판매 대금　· 유지 관리 수입 · 교체 및 추가 구매

출처: 알렉산더 오스터왈더 외, 『비즈니스 모델 제너레이션-비즈니스 모델 설계서』

수집하는 안테나를 붙여, 각각의 상황을 KOMTRAX로 수집해, 자사와 고객 쌍방이 확인할 수 있도록 한 것입니다. 이를 위해 가동률이 높은 현장에는 영업사원이 판촉 활동을 나가거나, 기계가 고장 날 것 같으면 미리 소모품을 교환하거나 해서, 고객 편이성을 높였고, 고객의 지지를 얻는 데 성공했습니다. 이러한 시스템을 '제조업의 서비스화'라고 부르고 있습니다.

이 비즈니스 모델은 다른 업계에서도 참고할 수 있습니다. 실제로 공작 기계업계에서는 이 시스템을 참고하여, 고객처의 자사 기계를 유지 보수하는 데 도움을 얻고 있습니다.

도표 0-16에 있듯 타업종을 비롯한 선진 사례를 참고하여, 자사의 새로운 비즈니스 모델 구축을 검토해봐도 좋을 것입니다.

도표 0-17에는 성공한 비즈니스 모델 사례를 일본 기업 중심으로 소개해 두었으니 참고 바랍니다(고마쓰의 사례는 #10에 해당합니다).

도표 0-17 대표적인 비즈니스 모델

구분	비즈니스 모델	특징	사례
고객 세그먼트 · 관계	#1. 지역 도미넌트	특정지역을 지배	세븐일레븐 등
	#2. 크림 스키밍	수요가 많은 곳만을 겨냥함	LCC 등
	#3. 특정 시장 지배	특정 시장에서 압도적인 점유율 확보	YKK 등
	#4. 글로벌화	해외 진출 시 경영자원 최적화	도요타 등
	#5. 고객 라이프 사이클	라이프 스테이지별 상품 및 서비스	베네세 등
	#6. 구매 대행	고객의 이익을 위한 활동	미스미, 아스쿨 등
	#7. 플랫폼	고객이 활용하는 기반을 제공	페이스북, 아마존, 라쿠텐
제공 가치	#8. 솔루션	고객 문제해결을 맡음	IBM 등
	#9. 동질화	타사의 차별화를 따라 함	일본 코카콜라 등
	#10. 제품+서비스	제품에 서비스를 더하다	고마쓰 등
	#11. 언밴들링	서비스를 패키지화하거나 하지 않음	QB 하우스 등
	#12. 디펙트 스탠다드	사실상 표준을 장악함	MS, 인텔 등
	#13. 블루오션	경쟁 하지 않는 세계를 만듦	닌텐도, 커브스등
가격 및 수입구조	#14. 레이저 블레이드	소모품이나 서비스로 돈을 벌다	엡손 등
	#15. 프리	기본은 무료이나 부가적인 것은 유료	소프트뱅크 등
비즈니스 시스템	#16. 다이렉트	직접 판매	자동차보험, 통신판매 등
	#17. 매뉴얼화 및 자동화	고도의 노하우를 자동화 및 매뉴얼화하고, 초심자라도 할 수 있도록 저비용화	맥도날드, 북오프 등
기타	그 외 각종		

출처: 이마에다 마사히로 『비즈니스 모델의 교과서―경영 전략을 보는 눈과 생각하는 힘을 기르다』

(3) 패러다임 시프트(구조개혁)의 포인트를 찾다

'패러다임'이란 기존의 틀을 기반으로 한 생각을 말하는데, 여러분의 업계에서도 역사적으로 표준이 되는 패러다임이라는 것이 있으리라 생각합니다. 이것을 크게 변화시키는 것을 '패러다임 시프트'라고 합니다. '자사에서 제조하던 것을 타사로부터 OEM 공급으로 바꾼다' 하는 것은 패러다임 시프트의 사례라고 말할 수 있겠죠. '구조개혁'이라는 말로 대체할 수 있습니다.

기업의 경우 패러다임 시프트 대상이 되는 분야는 **도표 0-18**처럼 일곱 가지 정도가 있습니다.

예를 들어, 첫 번째는 '지금까지' 본업 중심으로 사업을 진행해왔다면, '지금부터'는 새로운 분야에 진출하여 사업영역을 확대하는 것을 생각할 수 있습니다. 다만, 그러기 위해서는 '변혁 과제'를 해결해야 합니다.

패러다임 시프트를 향한 과제를 도출하기 위해서는, 사업영역 외에도 ② 비즈니스 모델, ③ 시장 전개 방식, ④ 경쟁 상대, ⑤ 상품 및 서비스 개발 방식, ⑥ 분업 구조, 그리고 ⑦ 타사와의 제휴 관계까지 각각에 대해서 지금까지 어땠고, 지금부터 어떻게 해야 하는지 사전에 검토해두면 좋겠죠.

중기경영계획을 검토할 때에는 구체적인 분석에 들어가기 전에, 장기적이고 넓은 시점으로 사물을 파악하고, 거시적으로 보고 어떤 변화가 일어날지, 거기에 대응하려면 자사는 어떻게 변할 필요가 있는지를 파악해두는 것이 중요합니다.

'나무만 보고, 숲을 보지 못한다'라는 말이 있습니다. 눈앞의 작은 변화

도표 0-18 패러다임 시프트(구조개혁)의 포인트를 찾다

변혁 분야	지금까지	앞으로	변혁 과제
① 사업 영역	· 기존 본업 관련 영역	· ○○ 분야로 확대	· ○○ 분야용 신상품 개발
② 비즈니스 모델	· 원재료를 가공해서 판매 · 품절	· 부품을 조합해 유닛으로 판매 · 유지관리 도급	· 부품 조합 기술 취득 · 유지관리의 서비스화
③ 시장 전개	· 국내시장→해외시장	· 갑자기 해외에서도…	· 해외에서의 마케팅 부활
④ 경쟁 상대	· 국내 대기업과의 경쟁	· 신흥국의 동업 예시	· 신흥국의 경쟁 상대 조사 및 대책
⑤ 상품 개발	· 신기술을 탑재한 부가가치 상품으로 승부	· 품질이 좋고 저렴한 상품개발	· 부품 공통화로 비용 절감
⑥ 분업 구조	· 수직 통합형 그룹 구조	· 타사 및 그룹과 수평 분업도	· 제휴 및 협업 회사 탐색 및 접근
⑦ 제휴 관계	· 새로운 회사를 중심으로 한 제휴관계	· 새로운 회사 이외의 곳과도 제휴	· 새로운 회사의 이해와 제휴 및 협업처 탐색, 접근
⑧ 그 외			

에 시선을 빼앗기면, 큰 변화를 놓친다는 의미로 해석할 수 있습니다. 중기 경영계획의 경우, '나무'(예를 들면, 주력 제품군)의 건강 상태나 성장도 살펴볼 필요가 있지만, 그것을 둘러싼 '숲'(사업부)도, '산'(회사)도, '또 다른 산'(경쟁사 및 업계), 나아가서는 '지각변동'(거시적 환경)까지도 시야에 넣어둘 필요가 있습니다.

(4) 스코프(범위) 설정

사물을 보는 범위, 시야를 스코프라고 합니다. 우리는 자기 주변을 중심으로 생각하기 쉬운데, 중기경영계획은 회사를 포함한 넓은 스코프로 사물을 생각할 필요가 있습니다.

좁은 쪽부터 차근차근 살펴보면,

① 자신의 일…자신의 업무에 관한 것, 타인과의 커뮤니케이션, 인간관계 등.

② 부서…소속 부서의 역할, 업무, 목표, 계획, 실적, 분위기, 커뮤니케이션, 인간관계, 동기부여 등.

③ 부…소속된 부에 대해서, 부의 비전과 전략 및 부서와 동일한 항목.

④ 부문…소속 부문에 대해서 동일 항목.

⑤ 회사…회사의 실적, 경영자, 비전, 경영목표, 강점과 약점, 전략과 전술, 경영 과제, 진척 상황, 매니지먼트 방식 등.

⑥ 그룹…기업에 따라서는 그룹 회사의 일원이기도 합니다. 모회사와의 관계가 중요할 때도 있습니다.

⑦ 시장 환경…전개 지역, 고객의 상황, 니즈 변화 등.

⑧ 경쟁 환경…경쟁사의 상황, 동향, 신규 진입 및 퇴출 등.

⑨ 거시적 환경…정치, 경제, 회사, 문화, 기술, 환경문제 등의 상황과 변화.

⑩ 세계정세…세계를 둘러싼 정치 상황, 경제 변화, 민족 분쟁, 환경 문제 등.

평소의 업무에서 일단 눈을 떼고, 시야를 넓혀 파악해야 합니다.

비즈니스 환경 분석

STORY 1 외부사업환경 분석

회의실

야마모토 전기 기획회의

음—
상무님 지시로 PEST 분석을 하게 됐고.

담당은 기카이 씨와 고사쿠 씨.

네, 네?

고사쿠 씨는 이동해온 지 얼마 안 됐으니

기카이 씨가 주도적으로 해줘.

벌떡

네….

그다음 날부터
두 사람은
정보를 수집하러
동분서주했다.

그렇게 해서
모은 정보를
분석하고,
기카이는 그것을
파일로
정리했다.

경영기획실

실장에게는
메일에 첨부해서
제출했고,
별도로 설명하기 위한
미팅을 열기로 했다.

그런데
……

실장님.
사전에 메일로
보내드린
PEST 분석 초안
확인하셨습니까?

음….

안 좋은 예감.

탁

두 둥

그것보다 다음에 내가 할 수 있는 일이 뭘까?

뭐 됐어.

더 공부해보고 싶어서 자료가 될 만한 책을 사 왔는데

좀 과한가?

더 알고 싶어

응?

더 더

시나리오 플래닝?

피부관리 중

시나리오 플래닝이란

스트레칭 중

그룹으로 변동요인을 도출, 기본 시나리오와 대체 시나리오를 검토해서

블랙스완을 줄이는 방법

블랙스완이란 예상하지 못한 일을 가리키는 것으로

검은 백조가 흔하지 않기에 서양에서는 그렇게 부르고 있다.

이건

혹시……

어? 하나다 씨다.

안녕하세요, 기카이 씨. 밤늦게 죄송해요.

지금 관련 서적을 읽고 있는데요. 그중에 '시나리오 플래닝'이란 것이 있어요.

괜찮으면 검토해보세요.

나도 질 수 없어…!

거시적 환경 분석 방법 중 하나인데요, 기카이 씨는 PEST 분석부터 들어갔죠?

…신경 써 주는구나,

나를….

그럼 전제로 하는 환경을 다각화하는 데 좋지 않을까 해서 알려드려요.

Thank You! STAMP

언제까지 뒤로 물러나 있을 수 없어. 나부터 적극적으로 덤벼들어야 해!

음? 뭔데?

실장님! 잠깐 괜찮으세요?

뚜벅

뚜벅

03 외부사업환경 분석

상시 정보 수집으로 '외부사업환경 분석'의 정확도가 올라가네!

비즈니스 환경 분석 파트는 크게 외부사업환경 분석과 자사경영자원 분석으로 나뉩니다.

외부사업환경 분석에는 거시적 환경 분석과 시장 환경 분석, 경쟁 환경 분석, 이렇게 세 가지가 있습니다. 각각 정보를 수집한 뒤 분석이 이루어집니다(**도표 1-1**).

(1) 거시적 환경 분석(PEST 분석)

거시적 환경 분석은 **도표 1-2**에서 볼 수 있듯, PEST 분석이라는 점에서 중요한 환경 변화나 트렌드와 그 영향을 파악할 수 있습니다. 'PEST'라는 것은 P(Politics) 정치체제의 변화나 법률제정 및 운용에 관한 것으로, 여야 당이 교체되거나, 세제가 바뀌거나, 미국과 유럽, 중국 등의 정치 체제나 정책의 변화로 어떤 일이 일어날 수 있을까에 대해 가정한 다음, 자사가 대처

도표 1-1 외부사업환경 분석

거시적 환경 분석

- ■ 사업에 영향을 미치는 정치 체제, 정책, 법 및 규제상의 움직임은 없는가?
- ■ 사업운영의 기회 혹은 리스크가 되는 사회정세나 기술의 변화는 없는가?
- ■ 사업 수익에 영향을 미치는 경제나 금융 및 환율 등의 움직임은 없는가?

시장 환경 분석

- ■ 시장의 성장세는? 급성장? 둔화? 감쇠?
- ■ 매출에 영향을 주는 고객 니즈의 변화는 없는가?
- ■ 고객의 소비 동향에 변화는 없는가? (호불황에 의한 가계의 긴축, 해방)
- ■ 보완재, 대체재 시장의 동향과 그 영향?

경쟁 환경 분석

- ■ 경쟁사의 점유율과 그 신장률은 어떠한가?
- ■ 자사에 위협이 되는 경쟁 전략 전환이나 기술 혁신은 없는가?
- ■ 기존 비즈니스 모델을 파괴하는 신규 진입은 없는가?

해야 할 과제를 도출합니다. 신흥국에 진출한 기업에게는, 정치 체제 전환이나 테러의 리스크('컨트리 리스크'라고 함) 등도 고려해야 합니다.

보고서를 작성할 때는, 일어날 수 있는 변화를 기술하는 것만으로는 자사에 미치는 영향을 알 수 없으며, 어떻게 대응해야 할지 알 수 없기 때문에, 각 변화에 자사가 어떻게 대응해야 하는지까지 검토해둘 필요가 있습니다.

이 밖에, E(Economics) 경제 및 금융정세의 변화, 에너지 코스트의 변동이나, S(Society) 사회 및 문화적 변화, T(Technology) 기술 혁신이나 IT 신기술 보급 등이 있습니다. 이상으로 대략적인 PEST를 알아봤습니다만, 두 번째 'E'로서 '환경 대응'(Environment 또는 Ecology)을 들기도 하며, 여기서는 환경 관련 규제나 환경 문제 대응 등을 검토합니다.

거시적인 변화의 조사는 조사 기관의 예측이나 미래를 예측한 문헌 등

도표 1-2 PEST 분석

분야		항목	영향	과제
거시적 환경	정치 및 법률(P)	· TPP가입 · 증세 · 사회보장부담 증가 · 환경 규제 강화	· 해외로부터 저렴한 상품 유입, 해외 확대 판매 여지 확대 등 · 판매 가격/구입비용↑, 반영 불가→이익↓ · 인건비↑ · 환경 대응 비용 증가, 환경상품 매출↑	
	경제(E)	· 디플레이션 → 인플레이션 · 금리 변동 · 엔저 정착 · 에너지 비용 증대 · 중국의 인건비 상승	· 가격 전가 가능, 구입비용↑ · 금리 지불액↑↓ · 원재료비↑ · 연료비↑ · 중국으로부터 수입품 가격↑, 생산 거점 이전	
	사회(S)	· 저출산과 고령화 · 지방 인구 감소 · 생산 인구의 감소 · 신흥국 인구 증대 · 외국인 노동자 수용	· 어린이시장 감소, 노인시장 확대 · 지방 매출 감소, 빈집 증가 · 젊은 층 채용난, 고령자 고용 불가피 · 신흥국가 대상 매출↑ · 인력 부족 완화, 범죄 증가도	
	기술(T)	· 환경 기술 · 태블릿 단말기의 급속한 보급 · 탈원자력 · AI 및 IoT화	· 에너지 절약화, 청정화 · 이동 중 통신, 데이터 교환, 처리 가능하게 · 전기세↑ · 자동화 및 생력화, 세심한 관리가 가능하게	
	환경 (E)	· 환경 보전 규칙 강화 · 재생에너지 비율 확대 · 온난화 대응책	· 환경보전 비용↑ · 재생 에너지 분야의 수요↑ · 에너지 절약 및 단열 등의 니즈↑	

을 활용하면 좋겠습니다. 최근엔 인터넷으로 다양한 정보를 입수할 수 있으니, 우선 웹 조사부터 시작하고, 어느 정도 정보를 수집했다면, 문헌을 수집하거나 필요에 따라서 전문가를 인터뷰하거나 하면 되겠습니다. 가장 최신 정보는 인터넷에 없을 수도 있으니, 자사에게 중요한 영역의 정보는 그 분야에 정통한 전문가에게 확인된 정보를 수집하는 게 좋겠습니다.

(2) 시장 환경 분석

시장 환경 분석은 진입한 시장의 성장성이나 수익성, 고객 니즈의 변화, 소비 동향의 변화 등을 보는데, 개중에는 '보완재'나 '대체재'라고 하는 지금까지의 경쟁제품과는 다른 범주의 제품 및 서비스가 시장에 신규 진입하거나, 기존 시장 점유율을 빼앗는 케이스도 볼 수 있으므로, 조금 시야를 넓게 보는 것이 좋습니다. 예를 들어, 닌텐도는 게임 전용기를 취급하고 있었지만, 스마트폰의 보급으로 모바일게임에 밀려 수요가 급감했으며 장기간 실적 악화로 고전했습니다.

시장 환경 분석은 복수의 사업이 있을 경우엔 그 사업의 수만큼 분석을 진행합니다. 사업부와 협력하는 방법도 있습니다. 사업부는 늘 시장을 지켜보고 있으니, 그 정보를 바탕으로 분석을 하면 되겠습니다.

(3) 경쟁 환경 분석

주요 경쟁사에 대해서 그 현상과 동향, 그리고 앞으로 생각되는 움직임에 대해서 분석합니다. 경쟁사 제품 및 서비스도 시장에 나와 있는 B2C 비즈니스는 분석하기 쉽지만, 제품 및 서비스로서 시장에는 나오기 어려운 B2B 비즈니스는 주의 깊게 정보를 수집할 필요가 있습니다. 이처럼 외부

경쟁사(벤치마크)와의 비교 예

	자사	A 경쟁사	B 경쟁사	C 경쟁사
회사명	B 사	M 사	S 사	D 사
타깃 고객	A 사, A 사 그 룹→A 사 근처의 건물주	A 사, A 사 그 룹→A 사 근처의 건물주	A 사, A 사 그 룹 및 A 사 근처 의 건물주	A 사, A 사 그 룹 및 A 사 근처 의 건물주
니즈	중소 규모 공사	~500억 원(확 대 요망)	중소 규모 공사 중심	대규모 공사→중소 규모?
제공 상품 및 서비스	A 사 건물 보전, A 사 그 룹 건 물 수리	건물 등 청소, 설비 소규모 수리	A 사 건물 보수 관리, A 사 그룹 빌딩 관리	A 사, A 사 그 룹 관련 건물 신축, 대규모 보수
가격대	저가격대	저가격대	중저가격대	중저가격대
채널 루트	시설부, 시설과, 건축과 등	영업부	영업본부	건설부, 시설부
판촉 및 영업 방법	현장영업	톱 영업	톱 영업	톱 영업
강점과 약점	A 사 전 영역 을 커버하는 것이 강점 간부와 관계가 소원함	간부와의 강한 핫라인 사내 건축 기술이 미숙함	간부와의 강한 핫라인 사내 건축 기술이 미숙함	고유의 기술력, 자사의 주주 건축공사는 이익률이 낮음
매출	○○억 원	○○억 원	○○억 원	○○억 원/○○ 억 원
이익률	○○%	?	○%	○%/○%
직원 수	○○명	○○명	○○명	○○명
중요 성공 요인	고유 기술 강화 원스톱 서비스 충실 비용절감	건축 기술 인력 증원	건축 기술 인력 증원 고유 기술 확보	건축 유지보수에 정통한 기술 인력 증원

로 나오기 어려운 정보에 대해서는 가능한 범위에서 고객 등으로부터 정보를 얻는 등, 여러 방법을 강구해야 할 필요가 있습니다.

경쟁사 내지는 벤치마크하는 곳의 정보는 **도표 1-3**처럼 자사와 경쟁사를 동일한 항목에 대해서 비교를 해봅니다. 복수의 사업이 있는 경우에는 사업마다 복수의 시트를 작성해서 비교합니다.

이들 정보를 모두 파악하고 있는 부서나 인원은 좀처럼 없기 때문에, 다양한 부서나 사람으로부터 정보를 수집하고, 하나로 정리해보면 될 것입니다. 단편적으로밖에 알 수 없는 정보를 서로 연결함으로써, 전체상이 떠오르기도 합니다.

경쟁사와의 비교표는 각 회사의 주요 성공 요인을 도출하는 것이 중요합니다. 자사나 자기 사업의 주요 성공 요인뿐만 아니라, 타사 사업의 중요 성공 요인도 파악하면, 타사의 다음 수를 추측하고, 대책을 세우기 쉬워집니다.

도표 1-4는 외부사업환경 분석 시트의 예입니다. 이 사례는 본래 자사경영자원 분석에 들어가는 자사의 사업 분석을, 전략을 짜기 위해 3C(경쟁자Competitor, 고객Customer, 자사Company) 분석의 시점을 바탕으로 해서 분석했습니다.

(4) 시나리오 플래닝과 그 장점

외부사업환경 분석은 통상적으로 이렇게 진행되는데, 특히 거시적 환경에 대해서는 불확정 요소가 많습니다. 예를 들어, 환율의 영향을 강하게 받는 업종의 경우 중기경영계획의 전제로 3년간의 환율을 ○○원/달러라

도표 1-4 외부사업환경 분석부터 도출된 문제점과 과제

		현상/전망/문제점	현상/전망/문제점
거시적 환경	P	· 국내외 정치체제 불안정	· 정책 예측과 선대응
	E	· 세계 경제 불안정	· 기민한 대응 및 대책
	S	· 저출산 고령화 심화	· 외국인 노동력 확보 및 향상
	T	· AI 및 IoT화 진전	· 편의성 향상, 신기술 적극 도입
	Eco	· 플라스틱 규제	· 에코 플라스틱 도입
사업별 분석(시장, 경쟁, 자사 사업 분석)			
A 사업	시장	· 약 제품 구비 강화	· 취급 제품 강화
	경쟁	· 가격 승부	· 가격 이외의 서비스로 차별화
	자사	· 유통에 강점	· 유통망 정비
B 사업	시장	· 소형차 비율 상승	· 소형차용 상품 라인업 강화
	경쟁	· 정통적인 제품 구비 · 탑 영업에 강함	· 참신한 제품 구비로 승부 · 탑 영업과 현장 연계 플레이 강화
	자사	· T 사 계열에 강함	· H와 N도 개척

예시

고 가정해도, 들어맞지 않는 경우가 적지 않습니다. 이렇기 때문에 중요한 전제가 무너져버려 중기경영계획 자체를 못 쓰게 되는 일도 있을 수 있습니다. 그렇게 하면 원래 필요했던 변혁이나 개혁 과제 진행이 중단되거나, 종전대로 예상 실적 관리만 할 뿐 당초 목표로 했던 변혁이나 개혁이 진행되지 않기도 합니다. 단 한 가지 전제의 변화로 전체가 진행되지 않게 되는 것은, 굉장히 아까운 일이기에 다른 방법을 마련해둘 필요가 있습니다.

그래서 등장하는 것이 '시나리오 플래닝'입니다. 시나리오 플래닝이란 원래 미군이 쿠바 위기 때 사용한 방법으로, 케네디 정권하에서 위기를 피하는 데 유효했기 때문에, 그 뒤 비즈니스에서도 활용되기 시작했습니다.

그 방법이란, 우선 자사의 사업에 중대한 영향을 끼치는 주요한 요인을 도출하고, 그 요인의 움직임에 대해 복수의 시나리오를 검토합니다. **도표 1-5**가 그 예시입니다. 이 경우는 야마토무역과 같은 무역회사를 가정했으며, 주요한 변동 요인으로 ① 환율, ② 원유 가격, ③ 해상 운임, ④ 입항선수, 이 네 가지를 들었습니다. 그리고 각각 요인에 대해서 두 가지의 시나리오(환율이나 유가가 올랐을 때와 내렸을 때 등)를 가정하고, 그것들의 조합을 검토합니다.

요인이 네 가지이고, 각각 두 가지 시나리오가 있다면, 단순 계산으로 열여섯 가지 시나리오가 생기며, 그 중에서 주요한 조합을 골라, 바탕이 되는 것을 '기본 시나리오', 그 밖의 것을 '대체 시나리오'로서 가정하고, 각각의 시나리오에 어떤 일이 일어날지, 또 어떻게 대처하면 좋을지를 미리 검토하는 것입니다. 물론 중기경영계획의 전제로서 복수의 시나리오가 있으면 이야기가 많이 복잡해지므로, 기본 시나리오를 전제로 하여 작성하는 것으로 하고, 대체 시나리오로 가정한 사태가 일어났을 때에 어떻게 대처할지를 정해두면 좋겠죠.

실제로 이 시나리오 플래닝을 중기경영계획을 짤 때 사용한 케이스가 있었습니다. 그 회사는 과거 네 번이나 중기경영계획을 짰지만, 네 번 다 환율 예측이 빗나가, 도중에 중기경영계획 실천을 그만두었습니다. 이 때문에 제가 담당했던 다섯 번째는 이 시나리오 플래닝을 활용하여, 주로 환율에 집중해, 환율이 올랐을 때와 내렸을 때의 시나리오를 가정했습니다. 이렇게 도중에 환율이 올랐다가 떨어졌을 때도, '시나리오 체인지'로 대처하니, 3개년 치 중기경영계획을 완수할 수 있었습니다. 그 결과, 그 회사는 최고의 매출, 최고 이익을 달성할 수 있었습니다.

(5) 시나리오 플래닝의 활동계획 및 정량계획의 반영 방법

우선 정량계획은 영향이 큰 외부사업환경 요인이 변화하기 때문에, 당연히 매출이나 원가, 경비에 영향이 있습니다.

이를 위해서 우선 그 영향 정도를 추정합니다. 과거에 일어난 일이라면, 예를 들어 환율이 얼마가 올라서 수출 금액이 몇 퍼센트 줄었다거나 하는 등 실적 데이터를 분석하고, 그 평균치 및 기대치를 추정합니다. 그때, 단순하게 정량적으로 분석할 뿐만 아니라 실제로 어떤 일이 일어났는지 어떤 영향이 있었는지를 그 당시 경험자의 이야기를 듣고, 동일한 일이 일어났을 때 파급효과와 영향 정도도 포함해서 추정합니다.

과거에 일어난 적 없는 일이라면, 그 분야의 여러 전문가 의견을 물어보면 되겠습니다. 전문가에 따라서는 전망이 낙관적이기도 하고 비관적이기도 합니다. 양쪽 의견을 들은 다음 판단하는 것이 좋습니다.

활동계획과 정량계획 파트는 기본 시나리오를 바탕으로 세분화해갑니

도표 1-5 시나리오 플래닝의 시나리오 설정 예

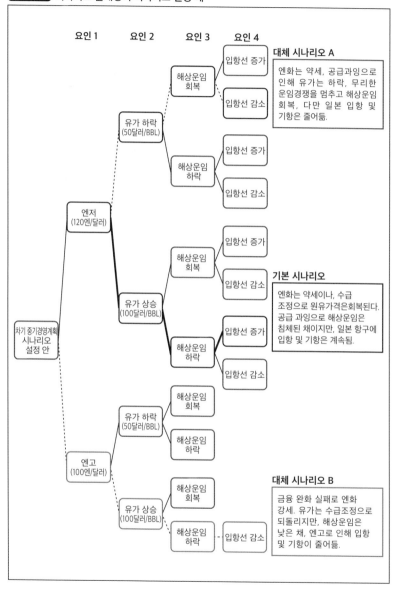

다. 그것을 시나리오별로 더 세분화하는 것은 힘들기 때문에, 우선 전략 단계에서 영향이 있을지 판단한 다음, 영향이 있다면 활동계획상에서 어떻게 대응할 것인가 방침을 정하도록 합니다. 수립 단계에서는 세세한 활동계획까지는 작성할 필요 없습니다.

자사
경영 분석은
회사 전체에
대해서
다양한 관점으로
분석하고

우선은
여섯 가지 요소에 대해서
현장의 문제점이나
향후 전망을 생각해보고,
전사 차원에서 해야 할
과제를 도출합니다.

중기경영계획
프로젝트 내에서
해결책을
검토합니다.

그리고
개중에서도
긴급성과
중요성이
있는 것은

중기적으로
해야 할 과제를
도출하는 데
의의가
있습니다.

이번에
여러분이 하실
사업 분석은

이미 여러분이
가진 현장 감각이라는
정보가 중요하기에,
부디 협조
부탁드립니다.

......

휙

안녕하세요.

오늘은
고치 선생님 세미나에서
배웠던 게 큰 도움이
되었어요.

잘됐네요!

과연 우리 존경하는 사부님!

프로페서 고치!

프로
페서—

하나다
씨는
재밌는
사람
이구나….

어떤 일이 있었는지
알려줄 수 있어요?
나중에 도움이 될 것 같아서요.

좋아요.
사실은 말이에요—

아! 물론
알려줄 수 있는 범위까지라도
괜찮아요!

휙

웅성

웅성

그렇구나.
자사경영자원 분석을
하는군요.

각자 자기 좋을 대로 써놨잖아… 정해진 포맷이 없으니까

뭐라고 썼는지 모를 말들을 항목별로 써놓은 것도 있고

단편 소설이라도 하나 쓴 것 같은 장문도 있네요….

게다가 너무 많아!

타닥 타닥

타닥 타닥

어… 어쩔 수 없지. 이걸 정리하는 것도 우리 일이니까!

자, 해보자!

네~….

선배….

크 아 아 악

어? 왜? 문제 있어?

아뇨. 그런 게 아니라…

선배 상태가 문제인 거 같은데요…

이것보다 더 문제가 있단 말인가?!

좀 무섭다…

04 자사경영자원 분석

자사에 맞는
방식이라….
정말 우리 회사
괜찮은 걸까?

자사경영자원 분석에는 ① 재무 분석, ② 사업 분석, ③ 인사 및 인재 분석, ④ 경영 관리 분석, ⑤ 업무 및 정보 시스템 분석, ⑥ 사풍 및 풍토 분석의 여섯 가지 시점이 있습니다.

(1) 재무 분석

통상적인 재무 분석과 동일한 시점으로 성장성, 수익성, 안전성, 효율성, 생산성과 현금 유동성 등을 분석하고, 주요한 포인트를 도출합니다(**도표 1-6 참조**).

단, 경영 목표를 설정하거나, 보다 상세한 재무 목표를 설정하거나 할 때 활용할 수 있도록, **도표 1-7**처럼 실적과 목표치를 기입할 수 있도록 워크시트를 준비해두길 바랍니다.

도표 1-6 재무 분석 시점

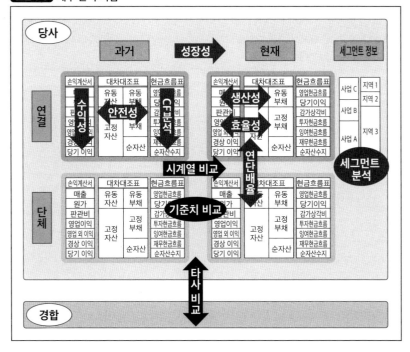

도표 1-7 재무목표 설정(수익성뿐 아니라 자본효율도)

재무제표	재무지표	계산식	현재값		3년 후	개선폭
손익계산서	매출액(성장률)	현재/전년 매출액				
	총이익률	총이익/매출액				
	판관비율	판관비/매출액				
	영업이익율	영업이익/매출액				
	경상이익율	경상이익/매출액				
손익×대차대조표	총자산순이익률	당기(경상)이익/총자본				
	자기자본이익률	당기이익/순자산				
	총자본회전율	매출액/총자본				
대차대조표	유동비율	유동자산/유동부채				
	자기자본비율	자기자본/총자본				
	유이자부채액	유이자부채액				
	부채자본비율	유이자부채/주주자본				
현금흐름표	영업현금흐름마진	영업현금흐름/매출액				
	투자현금흐름	투자현금흐름액				
	미래현금흐름	미래현금흐름액				

(2) 사업 분석

　사업 분석은 사업의 성장성이나 수익성, 경쟁력 등을 분석합니다. 사업 분석은 원래 사업마다 전략을 짤 때 도움이 되기 위해 하는 것이기에, '3C'라는 시점으로 분석합니다. '적을 알고 나를 알면 백 번을 싸워도 위태롭지 않다'라는 손자병법의 말처럼 경쟁에서 이기기 위해 경쟁자와 나를 분석하면 되겠지만, 비즈니스에서는 고객을 두고 경쟁자와 쟁탈전을 벌이기 때문에, 시장 및 고객Customer, 경쟁자Competitor, 자사Company의 세 가지 시점으로 분석이 이루어집니다. 시장 및 경쟁 분석은 외부사업환경 분석의 영역에 해당하므로, 자사경영자원 분석 중 사업 분석은 외부사업환경 쪽에서 분석이 이뤄집니다(스텝 03 참조). 여기에 관해서는 각 사업부가 최신 정보를 가지고 있기 때문에, 그들의 협조를 얻을 필요가 있습니다.

도표 1-8 자사경영자원 분석의 포인트 예시 1

재무 분석
- 매출 또는 사업의 성장성을 확보할 수 있는가?
- 경쟁력 있는 수익성을 확보할 수 있는가?(이익률, etc.)
- 안정된 사업 지속을 위한 충분한 안전성을 확보하고 있는가?
  (유동비율, 고정비율, 부채비율, etc.)
- 자산 및 인재의 효율적인 활용이 이루어지고 있는가?(총자산순이익률, 자기자본이익률, 1인당 매출액 etc.)

사업 분석
- 개별 제품 및 서비스의 성장성 또는 점유율은 적정한가?
- 개별 제품 및 서비스의 이익 구조는 적정한가?
- 개별 제품 및 서비스의 판매체제에 문제는 없는가?
- 개별 제품 및 서비스의 제조 공정은 충분히 효율적인가?
- 개별 사업이나 제품 및 서비스의 강점 또는 약점은 무엇인가?
- 타사에 비해 경쟁 우위성이 있는가?

인사 및 인재 분석
- 인재 구성은 적정한가?(직원의 고령화, etc.)
- 인재를 육성하고 있는가?
- 직원이 충분히 만족을 얻을 수 있는가?(이직률, 직원 만족도, etc.)
- 다양성은 도모되고 있는가?
- 인건비는 적정한 범위로 책정되어 있는가?

(3) 인사 및 인재 분석

인사 및 인재 분석은 인원 구성이나 인재 확보 상황, 인재 성장 정도, 이직률, 직원 만족도, 인건비 수준 등을 분석합니다. 최근 특히 저출산 고령화에 의해 인재 확보가 어려워진 점이나 해외에서 활약할 수 있는 글로벌인재의 부족, 여성이나 외국인 노동자 활약으로 다양성 확보, 일하는 방식개혁에 의한 노동 시간 단축 등이 큰 주제가 되고 있습니다.

(4) 경영 관리 분석

경영 관리 분석은 조직 구조나 회의체와 그 운영 방법, 의사 결정 방법, 직무 권한 체계, 예산 및 업적 관리 등, 회사의 입장에서 제도 및 규칙으로서 정비되어 있는 것에 대해 그 현상과 문제점을 분석합니다. 예산 제도나원가 계산, 투자금 회수 규칙 등은 관리 회계 제도의 대상이므로, 동일한

도표 1-10 자사경영자원 분석의 포인트 예시 2

(??) **경영관리 분석**
- 조직구조 및 직무권한 시스템은 사업운영에 있어서 적정한가?
- 회의체는 필요한 빈도와 멤버로 개최되어 효율적이고 효과적인가?
- 의사결정이 신속정확하게 이루어지고 있는가?
- 예산관리 및 업적관리는 적정하게 이루어지고 있는가?
- 업적평가 시스템은 사업의 실세를 적정하게 반영하고 있는가?
- 인사평가 시스템 및 인재육성 시스템은 충분한 효과적인가?

업무 및 정보 시스템 분석
- 업무는 효율적인가? 생산성은 높은가?
- IT 투자비용은 적정한가?
- 정보보안은 충분히 기능하고 있는가?
- 정보시스템은 업무 효율화에 공헌하고 있는가?
- AI 및 IoT 등의 도입은 진행되고 있는가?

사풍 및 풍토 분석
- 사풍에는 어떠한 특징이 있는가?
- 사내 분위기는 밝은가, 어두운가?
- 내향적인가, 외향적인가?
- 사내 커뮤니케이션은 잘되고 있는가?
- 대처 자세는 적극적인가, 소극적인가?

회계이지만 이 카테고리에 들어갑니다.

(5) 업무 및 정보 시스템 분석

업무 및 정보 시스템 분석은 업무 효율이나 생산성, IT 투자 및 운용비, 정보 보안, IT 업무 효율화 및 편이성 향상의 공헌도 등에 대해 현상과 문제점을 분석합니다.

(6) 사풍 및 풍토 분석

사풍 및 풍토 분석은 '사내 분위기' 같은 것입니다. 지금까지 중기경영계획에 있어서 당연한 것처럼 여겨져 그다지 분석의 대상이 되지 않았지만, 경영 컨설턴트 입장에서 다양한 회사를 지켜본 바로는 의사결정이나 행동 양식에 커다란 영향을 끼치는 사항이라 할 수 있습니다. 이래서 다른 회사에서 이직해온 사람의 의견도 포함해서 분석해볼 필요가 있습니다. 많은 회사에서 '도전의식 결여' '무사안일주의' '부정적 사고' '리스크 회피' '논쟁하지 않음' '위에서 시키는 대로만 함'과 같은 일본 기업의 독특한 특징을 볼 수 있습니다. 자사경영자원 분석 포인트는 **도표 1-8**과 **1-10**, 또 분석 사례는 **도표 1-9**와 같습니다.

(7) 자사경영자원 분석의 유의점

자사경영자원 분석을 할 때에는 몇 가지 주의사항이 있습니다.

① 사실을 바탕으로 할 것

현상이나 문제점을 분석할 때, '사원이 의욕이 없다' 하는 이야기가 나올

도표 1-9 자사경영자원 분석으로 도출된 문제점과 과제

	현재/ 문제점	해결해야 할 과제
재무	· 영업이익률이 낮음(○%)→1인 인건비가 높음 · 매출 상승으로 원가율 상승 (○%→△%)→구입 재료비가 비싸다 · 고정자산화(유가증권)(○○억 원)	· 인원 구성의 재검토, 젊은 층 채용으로 영업력 강화 · 외주비의 사내 도입, 생산 능력 강화(공장 신설) · 불필요 자산(주식)의 매각 및 유동화
인사 인재	· 후임 육성이 되어 있지 않다 · 회사로서 관리 조직이 명확하지 않다(플래잉매니저) · 인력부족	· 교육 프로그램 작성 · 관리자 직책의 명확화 (관리자 직무 기준) · 적정한 신규 채용과 IT화에 의한 노동력
경영관리	· 회사 전체의 기획 전략이 없음 · 내부 통제 의식이 희박함(자기 관리를 되어 있지 않음) · 세그먼트별 수익 분석이 되어 있지 않음 · 예산이 전년 기준으로 수립되어 있어, 효과적인 대책에 대해서, 보다 충분히 배분하는 등의 전략적인 예산 수립으로 되어 있지 않음	· 회사 전체 기획 및 전략을 수립하는 기능이 필요 · 내부감사제도 정착(자기감사, 감사인 감사) · 전사적인 원가계산제도의 확립 · 중기경영계획, 연간경영계획, 예산제도의 유기적 연쇄(제로베이스 예산 등)
업무 정보 시스템	· 정보화 투자가 적다(하드웨어, 소프트웨어, 조직, 교육) · 회사의 전략에 따른 정보화 활동을 하고 있지 않다	· 계획적이고 효율적인 투자 · 기획통괄부문의 활약 · 전사의 경영기획과 연계
사풍 풍토	· 유연함 · 내향적	· 실적평가 도입에 따른 어려움 요소 추가 · 고객이나 경쟁을 의식한 사업 전개 또는 업무

예시

때가 있습니다. 어쩌면 그런 문제를 제기한 사람의 시선에서는 사원이 의욕 없는 것처럼 보일 테지만, 어디까지나 개인의 감상이나 의견이며 꼭 사실이라 할 수 없습니다. 어떤 일이 일어나고 있는지 사실을 확인한 다음, 문제가 맞는지 판단해야 합니다.

문제를 제기한 사람에게 왜 그렇게 생각했는지 들어보면, '사원들이 지각을 많이 하니까' 하는 이유들이 배경에 깔려 있는 경우도 있습니다. '시간 개념이 타이트하지 않은 사원이 많다' 하는 편이 좀 더 적확한 표현이겠습니다. 그렇다고 그것이 중기경영계획에서 문제 삼아야 할 것인지는 별개의 이야기입니다.

② 중요성이나 긴급성이 높은 문제일 것

문제없는 회사는 없습니다. 하지만 많은 문제점이 있다고 한들, 그것을 모두 해결하는 것은 불가능합니다. 사람, 사물, 돈이라는 회사경영자원은 유한하니, 중요성이나 긴급성이 높은 문제부터 우선적으로 해결할 필요가 있습니다.

또, 사람에 따라서는 평소에 가지고 있던 불평불만을 이때다 싶어 늘어놓기도 하고, 말하고 싶은 것만 말하는 사람도 있습니다. 때로는 불만을 토로하는 일도 필요하지만, 그것만 줄곧 하고 있어서는 안 되며, 거기에 휘둘려서도 안 됩니다.

③ 가능한 한 정량적인 표현을 쓸 것

문제점을 도출할 때에 '클레임이 많다'와 같은 표현을 지적받기도 합니다. 그저 이것만으로는 어느 정도 중요한 문제인지 판단할 수 없죠. '거래처의 80%가 중대한 문제로서 지적하고 있다'와 같은 내용이라면 그 중대성이 전해지며, 당장 처리해야 할 과제라고 인식하게 됩니다.

일본적인 조직은 내부 문제점을 숨기거나, 완곡하게 표현하기도 합니다. 그럼 도리어 문제의 중요성이 전달되지 않고, 대처가 늦어질 수밖에 없습니다. 문제점일수록 구체적으로 밝혀서 대응책을 마련할 필요가 있습니다.

④ 단순한 문제점 지적에 몰두하지 않을 것

현상이나 문제 분석을 할 때, 다양한 문제점이 나오겠지만, 그것을 골라내고 정리하는 것으로 끝내서는 안 됩니다. **도표 1-9**처럼 '몰두해야 할 과제'를 명확하게 구분해야 합니다. 단, 방식에 대해서는, 나중에 다룰 전략 수립과 전략 과제 도출 프로세스에서, 중요성과 긴급성의 우선순위를 매겨 별도 검토하고 대처할 것입니다.

(8) 자사경영자원을 분석할 때 주의점

보통 사원들은 자신의 담당 범위 내에서 업무를 하고 있으므로, 회사 전체의 문제점을 접할 기회는 그다지 많지 않습니다. 하지만 자산경영자원을 분석하다 보면, '우리 회사는 괜찮은 걸까?' 하고 느낄 만큼 전사적으로 다양한 문제가 있음을 알게 됩니다. 아무리 사실이라도 문제점에만 눈이 가면 동기부여가 이루어지지 않는다는 사실을 인지하고, 자사경영자원 분석에 들어가면 좋을 것입니다. 과제는 과제로서 냉정하게 파악하고, 정리한 다음에 다음 단계로 나아갈 판단력이 필요합니다.

(9) 문제점에서 주목할 점

문제의식을 가진 사람에게는 다음과 같은 시각이 있습니다.

① 업무 담당자의 문제의식

ex) 초기 공정이 늦다, 데이터의 품질이 나쁘다.

② 매니저의 문제의식

ex) 인력이 부족함, 예산이 깎임, 타 부서와 업무가 중복됨.

③ 회사 방침과의 괴리 문제

ex) '고객우선주의'라고 말하지만, 실제로는 비용이 중시되고 있음.

④ 업무의 목적에 따른 문제

ex) 고객의 니즈를 상품 기획에 반영해야 하지만, 자사 보유 기술을 우선으로 상품을 개발함.

⑤ 업무의 Q(품질), C(비용), D(납기, 리드타임)에 관한 문제

ex) 인건비가 높은 사람이 단순 작업을 하고 있어서, 업무 비용이 많이 든다.

⑥ 사건이나 사실의 문제

ex) 적자 상품이 많다, 수율이 나쁘다, 라인 정지가 잦다, 클레임이 많다.

⑦ 경쟁사와 비교에 따른 문제

ex) 가격이 비싸다, 납기가 늦다, 성장성이 낮다, 수익성이 낮다.

⑧ 일반 기업과 비교에 따른 문제

ex) 휴일이 적다, 여성 관리직이 적다.

사업부 등에서 제기한 문제점을 이러한 관점으로 정리하고, 중요성과 긴급성에 따라 우선순위를 매기고, 과제를 설정해, 해결책을 검토합니다.

비전 설정

뭐 됐어!
선생님을
믿자!

고치 선생님
수제자잖아

먼저
각 사업부의
비전을
말해보죠.

전사적인
비전을
이야기
해야죠.

각
사업부
비전에서
공유점을
찾으면
되겠죠.

그건
그렇지만.

이건
어때요?

그것도
나쁘지
않네요.

이런
데이터가
있는데요
….

그건
그냥
현상유지
예요.

좀 더
이상적
으로
생각해!

뭔가…
생각한 것보단
잘 진행되고
있는 것 같다.

떠들썩

떠들썩

막상
다들 해보니
생각보다
어렵지 않은가
보다.

끼긱

-역시-
사부님!!

하나마루

검
토
종
료

모두
수고하셨
습니다.

활발한
토론이
이뤄진 것
같아 굉장히
만족
스러웠어요.

경영기획실

괜찮을까…

고치 선생님
조언으로

다음
검토회까지
경영기획부에서
오늘 나온
이야기들을
정리하게
되었어요.

하나다 씨,
부탁드려요.

네?

벌떡

왜
제가…!

지명
됐어요.

알잖아요?

또요?

……

이건
회사에 있어서도
담당자가
중요한 일이라는
것이겠지…

내가 해도
정말
괜찮은가?

타닥

타닥

타닥

타닥

타닥

멈칫

그래….

말이라는 건 모두 똑같이 쓰는 것 같아도

그것은 애초에 무역이라는 일에 대한 인식도 마찬가지일지 모르지.

나는 생각지도 못했던 말—

그걸 깨닫고

귀여워~

중개업?

글로벌 기업?

상인?

귀엽군

그렇기 때문에 다양한 부서의 사람들, 바꿔 말하면 생각이 다른 사람들이 뒤섞여서 서로 이야기를 나누는 데 의미가 있어.

거기에 내가 가지고 있는 말과 잘 융합시킬 수 있다면?

완전히 똑같지는 않아.

사람마다 경험이나 인식들이 다 다르니까.

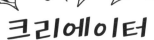

NO!

번뜩

크리에이터

분명 가장 높고, 가장 많은 사람들과 공감할 수 있는 꿈(비전)을 제시할 수 있어!

머칠 후

방금 막 나눠드린 것이 요전 검토회 내용 정리한 거예요.

키워드

최강 글로벌 트렌드 크리에이터

매출 목표   500억 원

오오

한번 보시겠어요?

'최강'이란 말 속에는 무역회사로서 가장 중요한 안전, 안심, 신뢰가 포함되어 있습니다.

글로벌 트레이더로서 이것들을 고차원으로 지향하는 것은 지극히 자연스럽고 중요하다고 생각해요.

그리고 크리에이터.

하지만 조금 생각을 바꿔보면

새로운 거래처 개척 등은 물론

평소 업무의 사소한 개선이나 개량 등도

전 직원이 언제나 새로운 시도를 잊지 않고, 두려워하지 않는 '크리에이터'라는 거죠!

지금 조금 위화감을 느끼는 분이 있을지도 모릅니다.

저도 그랬으니 까요.

지금까지 없었던 새로운 시도라는 의미에서 충분히 크리에이티브합니다.

그럼-

오늘 여러분 각각 비전 스토리를 작성해주세요.

비전 스토리란 바람직한 미래상이 실현된 모습을

리얼하게 스토리 형식으로 그리는 방법입니다.

'탁월한 비전'의 조건인 '이미지 가능성'과 '공감성'을 갖출 수 있도록 하기 위해 합니다.

우선 미래상에 대해서 보다 구체적인 키워드를 뽑고, 분야별로 스토리를 그립니다.

30분 후—

정리 다 되셨나요?

그러니까…

그럼 각 그룹 내에서 발표하세요.

제 차례 네요.

쓰는 방법에는 독특하고 세세한 주의사항이 있으므로, 거기에 따라주세요.

사내에서 중기경영계획을 세우고 있을 때 이야기입니다.

05 비전 설정

비전을 세운 다음
확인해야 할
체크 포인트는
다섯 가지!

(1) 기업 이념을 확인한다

기업 이념은 그 회사의 존재 의의나 중요하게 생각하는 가치를 표명한 것을 말합니다. 그 밖에 '경영 이념'이나 '사시社是' '사훈', 혹은 '미션 스테이트먼트' 등으로 불립니다(도표 2-1). 창업자가 제정한 것이나, 나중에 경영자가 제정한 것이 많습니다.

액자로 만들어 장식해둔 채로 잊어버리는 케이스도 찾아볼 수 있지만, 최근 들어 그 중요성이 늘어나고 있습니다. 해외 진출 등을 할 때에, 현지 사람들에게 '우리 회사는 이러한 생각을 바탕으로 사업을 하고 있습니다' 하고 설명할 때에 필요하기 때문입니다.

또, '웨이(영어의 way가 어원으로, 이념을 비롯한 그 회사의 시스템이나 업무 방식까지를 포함)의 침투'라고 해서 자사의 사업 및 업무의 생각이나 방식을 현지인들에게 침투시킬 때, 바탕이 되는 가치관이나 사고방식을 가리키며, 이런 의

도표 2-1 기업 이념을 파악하는 법

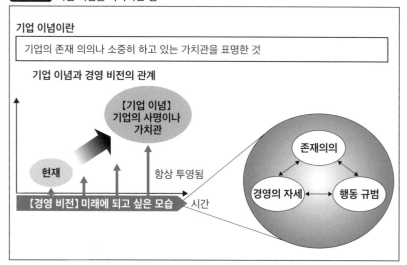

미로 이념이 중요해졌습니다.

이나모리 가즈오 씨가 JAL을 재건할 때 교세라 필로소피를 만들게 하고, JAL 사람들 사고방식을 근본부터 바꾼 사례가 있습니다.

제임스 콜린스 등의 연구 성과인 『비저너리 컴퍼니』에 따르면, 오랫동안 번영해온 기업의 공통된 특징은 기본 이념을 공유하고 있다는 사실을 알게 되었습니다. 그 결과, 이념의 공유와 침투의 중요성이 인식된 것입니다.

기업 이념에 사용되는 말의 특징으로서 '가치를 제공함'이라든가, '신용을 제일로 여김'이라든가 하는 추상적인 표현이 쓰이는 경향이 있습니다. 이렇기 때문에, 이 키워드들에 설명을 더하거나, 기업 이념이 쓰인 카드를 배포하거나, 정기적으로 외치거나, 인사 목표 관리 항목에 추가하기도 합니다. 하지만 겨우 '알고 있는' 단계에 머물러 있는 사례가 많고, '이념을 바탕으로 행동'하는 경우가 잘 없습니다.

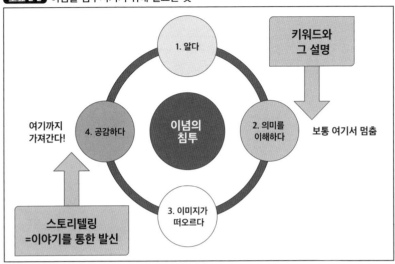

그것은 이런 시책들이 틀렸다는 것이 아니라, 알고 있는 단계 이상으로 침투도를 높이려면, 다른 시책이 필요하기 때문입니다.

그럼 '별도의 시책'이란 무엇일까요. 그것은 바로 '스토리텔링'입니다. 이때는 '이념을 바탕으로 한 회사의 시책이나 개인의 행동을, 그 이야기를 재현하듯 들려준다' 하는 의미입니다(**도표 2-2**).

실제로 JAL은 정기적으로 직원들이 모여, 자신의 이념에 입각한 행동이나 행위의 체험을 서로 이야기해서, 이념을 공유하고 침투를 꾀하고 있습니다. 이는 모두가 재건이 불가능하다고 했던 JAL이 다시 재탄생할 수 있었던 이유 중 하나가 되었습니다.

(2) 경영 비전을 설정하다

'경영 비전'이란 '기업 이념에 입각해 실현하고 싶은 미래의 모습'입니다.

도표 2-3 경영 비전을 파악하는 법

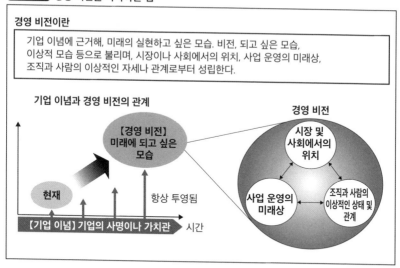

경영 비전이란

기업 이념에 근거해, 미래의 실현하고 싶은 모습. 비전, 되고 싶은 모습, 이상적 모습 등으로 불리며, 시장이나 사회에서의 위치, 사업 운영의 미래상, 조직과 사람의 이상적인 자세나 관계로부터 성립한다.

기업 이념과 경영 비전의 관계

경영 비전

【경영 비전】 미래에 되고 싶은 모습

현재

항상 투영됨

【기업 이념】 기업의 사명이나 가치관　시간

시장 및 사회에서의 위치

사업 운영의 미래상

조직과 사람의 이상적인 상태 및 관계

'되고 싶은 모습' '되어야 할 모습'이라고도 하는데, 이 '되고 싶은'과 '되어야 할'의 차이는 무엇일까요? '되고 싶은' 쪽이 소원이나 의욕을 나타내며, '되어야 할'은 당연 혹은 필연이라는 의미를 가집니다. 하지만 '되고 싶은' 쪽이 약간 뉘앙스가 약하게, '되어야 할'이 강하게 들립니다. 저는 경영자의 의욕을 나타내는 의미로 '되고 싶은'을 사용합니다.

경영 비전의 요소로서는 ① 시장 및 사회에서의 위치, ② 사업 운영의 미래상, ③ 조직과 사람 본연의 자세 및 관계의 세 가지입니다(**도표 2-3**).

먼저 ① 시장 및 사회에서의 위치는 '○○업계의 리더'처럼 세상 또는 업계에서 어떻게 불리고 싶은지를 비교적 짧은 키워드와 문구로 표현합니다.

② 사업 운영의 미래상은 ①에서 표현한 회사가 되었다면, 사내 및 사업은 어떻게 운영하면 좋을지를 몇 가지 키워드나 문구로 표현합니다(예: '선진적인 기술 개발' '외부와의 적극적인 컬래버레이션' 등).

③ 조직과 사람 본연의 자세 및 관계는, ②에서 말한 회사가 되었다면, 직원은 어떤 보람을 느끼고 생기 넘치게 일을 하고 있는지를 몇 개의 키워 드나 문구로 표현합니다.

세상에는 포캐스팅 발상법으로 생각하는 사람이 많기 때문에, 3개년 중기경영계획을 실천한다고 해도 그다지 변하지 않을 거라고 생각하기 쉽습니다. 하지만 바꿀 마음만 있다면 3년이란 시간은 꽤 많은 변화를 줄 수 있습니다.

그래서 미리 '10년 후'처럼 장기 비전을 검토하는 방법이 있습니다.

'10년 후를 어떻게 예상합니까' 하겠지만, '예상하기 어려우니, 어떻게 되고 싶은지를 상상하는 것입니다' 하고 대답하면 그만입니다. 보통 예측만 하는 사람에게 '어떻게 되고 싶은가'를 상상하도록 하면 어쩔 줄 몰라 하지만, 누구나 상상력을 가지고 있기 때문에 검토할 수 없을 리가 없죠. 반대로, 10년 후 되고 싶은 모습을 상상할 수 있다면, 실현 의욕이 생길 것이고, 3년 후 목표를 보다 높이 설정할 수 있게 될 것입니다.

경영 비전은 **도표 2-4**의 사례처럼 짧은 문장으로 표현합니다만, 문장을 모두 퇴고하는 것은 어려우므로, 프로젝트 멤버끼리 토론할 때에는 키워드와 그 의미하는 바를 중심으로 토론하며, 마지막 문장으로 정리할 때는 글을 좀 쓰는 사람이 맡으면 되겠습니다.

경영 비전을 제시할 때 체크 포인트는 다음 다섯 가지입니다.

① 의지가 드러나 있는가
② 키워드는 적절한가

③ 과하거나 부족하진 않은가

④ 자사다움이 드러나 있는가

⑤ 직원의 이해와 공감을 얻을 수 있는가

①은 경영자, 아니면 회사로서 강한 의지가 느껴질 필요가 있습니다. 또, ④의 '자사다움'에 대해서는, 자사의 경영 비전이므로 아무 회사에나 들어 맞는 언어나 표현이 아니라, '우리 회사 고유'의 부분이 있으면 좋습니다. ⑤ 직원의 이해와 공감은, 회사는 대다수를 점하는 직원들의 의욕으로 유지되고 있는 곳이므로, 그들이 이해하고 공감해서 실현하고자 하는 의욕이 샘솟도록 할 표현이 필요합니다.

(3) 탁월한 비전의 조건

'조직 변혁의 8단계'의 코터 교수에 의하면, 변혁을 완수한 조직에는 탁월한 비전이 있고, 그 공통 조건은 **도표 2-5**처럼 여섯 가지가 있습니다.

저는 이 중에서도 특히 처음 두 가지를 중시하고 있습니다. 첫 번째 '미래의 이미지가 명확하다'에 대해서는, 저는 이것을 '이미지 가능성'이라고 부르고 있습니다. 그리고 두 번째 '관계자와 윈윈 관계가 될 것'에 대해서는 '공감성'이라고 부릅니다. 즉, 듣는 사람, 이해하는 사람에게 이미지를 상기시켜, '그거 괜찮네요' 하고 말이 나오게 만들어줄 표현이라는 것입니다.

많은 일본 기업이 제시하는 경영 비전은, '고객으로부터 신뢰가 높은 기업' 같은 추상적이고 '멋만 잔뜩 부린 것'처럼 들리는 표현에 머물러 있으며, 탁월한 비전의 조건에 부합하지 않는 것이 많은 것처럼 느껴집니다.

도표 2-4 비전의 키워드 도출 예

구분	키워드	의미
시장 및 사회에서의 위치	환경 프로 집단	환경에 관한 모든 것에 뛰어난 사람들의 모임. 회사가 관련된 일은 누구에게도 지지 않는 프로 집단.
사업 운영의 미래상	국내 최고 수준의 환경 기술	일선급의 스탭, 최신 최적의 하드 기술 및 풍부한 경험과 실적으로부터 만들어지는, 우리나라 최고 수준의 환경 서비스. 환경교육 노하우 등도 포함된다.
	높은 고객 만족	고객의 니즈를 정확하게 파악해, 세심한 배려와 고부가가치 서비스를 제공하는 것. 신속하고 신뢰할 수 있는 데이터 애프터케어 충실 등.
	정보 발신	존재감을 어필해 자사의 인지도를 높이고, 무슨 일이 있으면 자사를 찾도록 정착시킨다.
	안정적 재무 기반	사업을 계속할 수 있는 수익을 확보할 수 있도록 기반을 구축한다.
	선구적 제안	국내 톱 레벨의 환경 기술이 뒷받침된 환경보전 및 창조와 관련한 구체적인 사업 제안을 하는 것으로 업무를 확장한다. 공격적인 사업 전개.
	지역 사회나 타 기관과의 연계	앞으로의 사회는 협동이 키워드. 지방공공단체나 NPO 등의 정보교환이나 사업 연계 등을 통해 환경활동의 지역 거점이 됨.
	독자성을 가진 사업	자신들이 가지고 있는 기술로, 자원봉사, 어드바이저, 매니지먼트, 교육을 통해서, 당사가 주역이며, 보람을 가질 수 있는 사업을 전개한다.
조직과 사람의 이상적 모습 및 관계	횡단적인 동시에 유연한 조직 운영 및 업무 수행	종적 관계, 부내 완결, 독립 채산제를 재검토하고, 타 부문과 관련된 것은 프로젝트적인 업무 수행 형태를 취해, 낭비가 없는 운영을 목표로 한다.
	권한 위임	책임에 따른 권한의 위임이 필요.
	주변과 커뮤니케이션	'보고, 연락, 상담'이 중요. 정보 공유화를 통한 의사소통을 도모한다.
	높은 목표 달성 의식	개인이 개별적으로 평가 기준을 가지고 항상 그 수준의 향상에 힘쓸 것. 자기만족을 해서는 안 된다.
	적확하게 평가하고, 처우에 반영	평가 제도를 만들고, 그 결과를 처우에 반영한다.

　여기에는 '경영 비전'이라는 단어가 도입된 배경에 원인이 있는 것 같습니다. 원래 미국이나 유럽 기업에서는 MVV(Mission, Vision, Value)를 세트로 기업이념이나 비전을 표현하는 습관이 있었습니다. 반면 일본 기업은 '사시' '사훈'이라는 것이 있었고, '사시'는 Mission(사명)에 해당하며, '사훈'은 Value(가치관)로 표현되는 행동규범에 해당하는 내용이었습니다.

　그리고 비전이 어떠한 것이어야 하는지 논의가 그다지 이루어지지 않았고, 외국계 기업이 쓰고 있는 말을 그대로 도입한 것이 아닐까 생각합니다.

　말의 배경은 차치하고, 재생을 목표로 하는 회사나 M&A로 소구력 있는 새로운 기업상을 드러낼 필요가 있는 기업, 해외에 나가 다른 언어 및 문화의 사람들을 묶어갈 필요가 있는 회사에 있어서는, 그것이 중요한 것임에는 변함 없습니다. 탁월한 비전으로서의 요건을 갖출 수 있도록 연구를 거듭해야 합니다.

도표 2-5 탁월한 비전의 조건

(1) 미래의 이미지가 명확한 것(이미지 가능성)
(2) 관계자와 윈윈 관계가 될 수 있는 것(공감성)
(3) 충분히 실현성을 가지고 있을 것
(4) 비전 달성을 위한 명확한 액션 플랜이 있을 것
(5) 적당히 유연성이 있을 것
(6) 간단한 것, 알기 쉬운 것

출처: 존 코터, 『기업변혁력』

(4) 비전을 이미지화해서 전달하다

바람직한 미래상의 이미지가 전달되도록 하려면, 이미지를 환기할 수 있도록 표현을 쓸 필요가 있습니다. 예를 들어, 마이크로소프트의 빌 게이츠는 '컴퓨터를 모든 책상과 모든 가정에'를 슬로건으로 내걸었습니다. 그리고 21세기 현재, 그가 내걸었던 슬로건은 멋지게 실현되었습니다.

이미지가 언어로 전달되기 위해서는 비전을 내세우는 제안자가, 스스로 이미지화해서, 그 모습을 '타인에게 전달되도록' 표현할 필요가 있습니다.

그 모습을 전달하기 위해서, 저는 '비전 스토리'라는 방법을 쓰고 있습니다. 바람직한 모습을 상상해서, 그것을 스토리로 표현하는 것입니다(도표 2-6). 실제 다양한 기업에게 비전 스토리를 만들도록 시켰더니, 동기부여가 됐을 뿐만 아니라 그 스토리를 들은 사람들로부터 '알기 쉬웠다' '공감했다' 등 감상을 들을 수 있었습니다.

비전을 시각화했을 때의 메리트는 직원들에게 실현 의욕이 생기도록 한다는 것입니다.

혼다기술연구소에서 ASIMO 프로젝트를 발족할 때의 지시 사항은, '아톰을 만들어라!'였다고 합니다. 데즈카 오사무가 그린 일본 최초 애니메이션인 '철완 아톰'은 그 당시 프로젝트 멤버에 있어서, 알맞은 비전 이미지가 되었겠죠.

이처럼 비전 이미지가 전달되도록 표현해야 합니다.

(5) 사업 영역을 정의하다—확장성과 구체성의 양립

비전 설정 파트의 세 요소는 사업 영역의 설정입니다. 사업 영역은 영어로 '도메인'이고, 어떠한 분야에서 사업을 진행할지 표현합니다.

도표 2-6 비전을 이미지화해서 전달하다

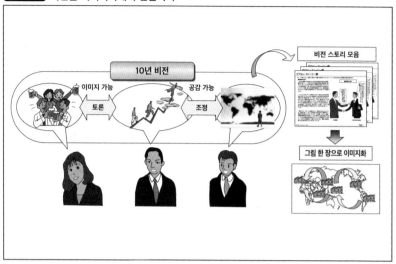

도메인 검토에는 두 가지 접근법이 있습니다. 하나는 앤소프의 매트릭스를 사용해 고객이나 시장, 제품 및 서비스군을 넓히는 것이며, 또 하나는 도메인 요소를 분해해서, 새로운 도메인 콘셉트를 만드는 방법입니다. 어쨌든 기업은 지속 경영을 위해 이익을 계속 늘리지 않으면 안 되므로 매출을 확대하기 위해서는 어떠한 의미에서 사업 영역을 확장할 필요가 있기 때문에, 그를 검토하는 데 도움이 됩니다.

먼저 앤소프의 매트릭스란 이고르 앤소프가 생각해낸 매트릭스로, **도표 2-7**에 있는 것처럼 세로축에 고객 및 시장, 가로축에 제품 및 서비스를 두고, 양쪽 다 기존에서 시작해, 세로축에 시장 개척, 가로축에는 제품 및 서비스 개발, 사선 방향으로 다각화 방책을 구체적으로 검토해가는 것입니다. 중기경영계획뿐만 아니라, 신제품 신규 사업 검토에도 활용할 수 있습니다.

앤소프 매트릭스를 검토할 때에 각각 세그먼트에 대해서, 매출금이나 이

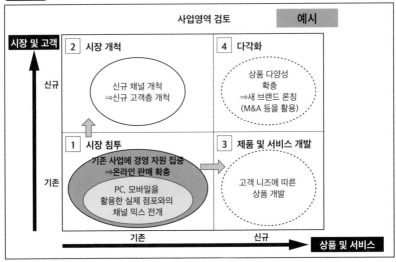

도표 2-7 앤소프 매트릭스

사업영역 검토　　　　　　　　　　예시

시장 및 고객	

2 시장 개척

신규 채널 개척
⇒신규 고객층 개척

4 다각화

상품 다양성
확충
⇒새 브랜드 론칭
(M&A 등을 활용)

신규

1 시장 침투

기존 사업에 경영 자원 집중
⇒온라인 판매 확충

PC, 모바일을
활용한 실제 점포와의
채널 믹스 전개

3 제품 및 서비스 개발

고객 니즈에 따른
상품 개발

기존

기존　　　　　　　　　　신규　　　　　**상품 및 서비스**

익 목표를 설정합니다. 그러면 사업별로 어느 정도 신장시킬 필요가 있는지, 또 얼마나 신규 사업이 필요한가를 구체화할 수 있습니다.

도메인 요소에는 ① 대상 고객 및 시장, ② 독자 능력, ③ 제공 가치가 있으므로 일단 각각 검토하고, 세 가지 요소를 포함한 확장성 있는 표현의 단어나 문구를 만듭니다.

도표 2-8의 사례는, 식품회사 깃코만을 이미지화해서 만든 것입니다. 일본 독자적인 조미료나 발효 방식을 사용한 것을 세계에 널리 알린다는 의미가 담겨 있습니다. 이렇게 표현함으로써, 현재 제품군보다도 넓은 범위에서 제품 및 서비스를 개발할 수 있습니다.

실제 사례 중에서는 문구류 인터넷 통신 판매 업체 아스쿨이 있습니다. '아스쿨'이라는 명칭은 '내일 도착한다'라는 의미로, 도메인의 세 가지 요소 중에서는 제공 가치를 나타냅니다. 이것을 사명으로 했기 때문에, 사무

도표 2-8 도메인 요소

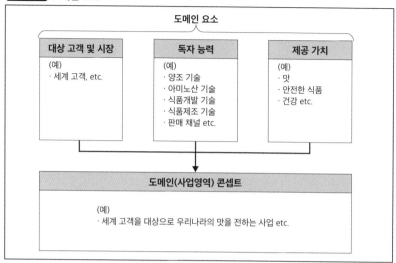

실에 한정하지 않고 사업을 전개할 수 있으며, 제품 및 서비스도 문구류에 한정할 필요가 없습니다.

이처럼 자사의 독자적인 능력이나 고객을 향한 제공 가치를 축으로 해서 사업 영역을 넓힐 수 있는 도메인 콘셉트를 설정할 수 있으면 좋을 것입니다.

(6) 경영 목표를 설정하다

경영 목표 설정 방법에는 ① 비전리드형, ② 목표달성형, ③ 축적형, ④ 추세형의 네 종류가 있습니다(**도표 2-9**).

추천하는 것은 경영 비전과 경영 목표를 정합성에 따라 내세우는 ① 비전리드형입니다만, 실제로는 비전 없이 경영 목표만을 내세우는 ② 목표달성형이나, 사업부의 전망치를 더해가는 ③ 축적형의 기업이 많은 듯 보입니다.

■ **비전리드형**
　비전의 구체화(되고 싶은 모습의 구체화, 목표로 하는 지표와 달성 시기)가 열쇠

■ **목표달성형**
　특정 목표(예: 점유율, 이익)을 내걸고, 그 달성 방법을 검토함
　판매력, 생산능력, 자금력 등 제약 요인을 분명히 해 검토할 필요가 있음

■ **축적형**
　시장, 경쟁사, 자사의 매출액 및 원가 등 영향 요인 분석이 중요함.

■ **추세형**
　실적의 추세에 맡겨 설정하는 방법
　'이대로 가면 어떻게 될 것인가' 하고 예측하는 데 도움이 된다.

④ 추세형은 논외로 하더라도, ③ 축적형은 경영자의 의지가 느껴지지 않으며, ② 목표달성형은 목표의 의미나 의의가 전달되기 어렵고, 소구력이 없는 경영 목표가 되어버립니다.

여기서 목표를 세우는 법에 대해서 잠깐 이야기하겠습니다. 추세형이 어째서 안 되는가 하면, '추세'란 '이대로 가면 어떻게 되겠다' 하는 의미이기에, 새로운 노력을 하지 않게 되어버립니다. 반면 경쟁사는 호시탐탐 시장이나 고객을 노리고 있으니, '추세형'으로 접근해서는 좋지 않은 결과에 이를 것입니다.

세상은 경쟁사회이기에, 높은 목표를 가지고 매일 노력하는 사람이 보상받습니다. 그러니 회사도, 개인도 지금처럼 불가능할 것 같은 높은 목표를 설정해서 계속 노력할 필요가 있습니다.

그럼 어느 단계의 목표가 좋을까요. 여기서는 세 단계로 생각해보면 좋

도표 2-10 3단계 목표

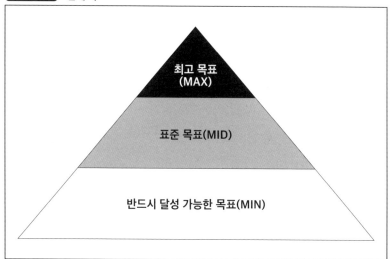

최고 목표
(MAX)

표준 목표(MID)

반드시 달성 가능한 목표(MIN)

습니다.

도표 2-10에 나타나 있듯이, 위에서부터 ① 최고 목표, ② 표준 목표, ③ 절대 달성 가능 목표까지 세 단계가 있습니다. 혼란이나 오해를 피하기 위해 목표는 최종적으로는 하나로 좁힐 필요가 있습니다만, 거기에는 검토하는 순서가 중요합니다. 언뜻 최고 목표부터 들어가는 것이 좋아 보이지만, 무조건 그렇다고 말할 순 없습니다. 개인의 경우, 대범한 사람이라면 최고 목표부터 들어가도 지장 없겠지만, 조직이나 집단의 경우엔 목표를 제시할 때에 구성원에게 주어지는 심리적 영향을 고려할 필요가 있습니다. 갑자기 너무 높은 목표를 받으면, 보통 사람이라면 겁이 나기 마련입니다. 그리고 실패가 두려워 실력을 발휘 못하기도 하죠. 그러니 많은 사람을 대상으로 한다면, 우선 ③ 절대 달성 가능한 목표부터 들어가서 마음을 안정시킨 다음, ① 최고 목표를 제시해 의욕을 북돋우며, 운때라는 것도 있으

니, 최종적으로는 리스크도 고려해서 ② 표준 목표를 잡습니다. 이처럼 심리적 영향이라는 것을 고려해서 목표를 설정하면 되겠습니다.

제가 목표 설정을 지도하는 경우엔, 경영 비전에서 말했듯이, 우선 10년 후의 경영 목표부터 검토합니다. 그리고 그것을 3개년 중기경영계획으로 끌어옵니다. 이렇게 하면 포캐스팅형으로 생각하는 사람에게도 백캐스팅형으로 생각할 기회가 주어집니다.

경영 목표는 회사 전체 목표와 그 내용으로서 사업별 목표를 합쳐 검토합니다. 그때 앤소프의 매트릭스로 검토한 세그먼트별 매출 목표를 참고해서 설정합니다.

또한, 경영자의 성적표는 재무제표이므로, 매출이나 이익뿐만 아니라 대차대조표나 현금흐름표도 생각해둘 필요가 있습니다. 구체적으로는 비즈니스 환경 분석 파트의 자사경영자원 분석에서 소개한 **도표 1-7**에 있듯, 3년 후의 주요한 경영지표를 손익계산서 계열, 대차대조표 계열, 현금흐름표 계열의 것을 각각 나누는 동시에 정합성을 유지하면서 목표를 설정하는 것이 좋습니다.

최근에는 코퍼레이트 거버넌스 코드에 의해서 자본 효율 목표가 요구되고 있습니다. 구체적으로는 자산이익률나 자기자본이익률 등 지표의 목표치로 나타냅니다.

전략 수립

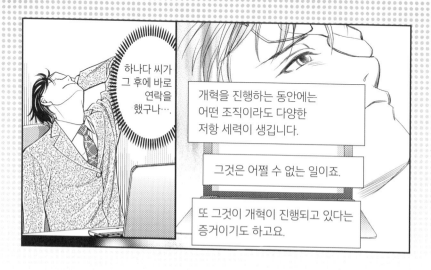

하나다 씨가
그 후에 바로
연락을
했구나….

개혁을 진행하는 동안에는
어떤 조직이라도 다양한
저항 세력이 생깁니다.

그것은 어쩔 수 없는 일이죠.

또 그것이 개혁이 진행되고 있다는
증거이기도 하고요.

STORY 4 전략 검토

웅성 웅성

떠들썩

야마모토
전기

뭔가
막다른 길에
몰린 것
같다….

팀원들한테도
불만이 많고

외부사업
환경 분석하고
자사경영자원
분석으로
과제는 많고….

이것은
우선순위를
결정하는 것도
어렵고,

해결책을
검토하려고 해도,
위에선 '그것은
우리가 할 게 아니야'
하고 피해버리니…

사업부

하아—

덕분에
식욕도
없어….

…는 수밖에 없으니….

경영기획실

아~ 오랜만에 점심을 제대로 챙겨 먹었더니 소화가 잘 안 된다~

한심해…

어? 고치 선생님이 메일 보내셨네.

From ✉ 고치 스루오

띠링

뭐지?

안녕하세요. 하나다 씨한테 들었는데ㅡ

하나다 씨가
그 후에 바로
연락을
했구나….

개혁을 진행하는 동안에는
어떤 조직이라도 다양한
저항 세력이 생깁니다.

그것은 어쩔 수 없는 일이죠.

또 그것이 개혁이 진행되고 있다는
증거이기도 하고요.

저는 조금씩이라도 앞으로
나아가려는 기카이 씨를
응원하고 있어요.

감사합니다
고치 선생님….

갑작스럽겠지만
크로스 SWOT 분석을
수집하기 전에

협력적인 사업부에 샘플을
작성해달라고 요청해보면 어때요?

프레임워크는
어느 회사에서나 활용할 수 있게
만들어져 있지만
다른 회사 사례로는
감이 잡히지 않습니다.

크로스 SWOT 분석

		내부요인	
		강점(S) ① 저비용 ② 최신 전자 디바이스	약점(W) ① 브랜드 인지도 ② 해외 요원 부족
외부요인	기회(O) ① 스마트 가전 니즈 ② 신흥국 성장	SO전략: 강점을 기회로 살리다 자체 개발한 AI가 탑재된 스마트 가전 (S②O①②)	WO전략: 약점을 보완하고 기회로 살리다 타사의 해외 경험자를 채용 해외 생산(W②O②)
	위협(T) ① 신흥국의 저비용 가전	ST전략: 강점으로 위협에 대처 자사 신흥국 거점에서 생산하고, 수입 및 주변국에 수출(S①T①)	WT전략: 약점과 위협 최소화 OEM 방식으로 신흥국 제품에 대항 (W①T①)

자기 회사 및 사업부에 알맞게
작성되면 내용에 리얼함이 생겨,
자신의 사업부에서도
쓸 수 있지 않을까
생각하게 될 테니까요.

부탁
드립니다!

가전사업부

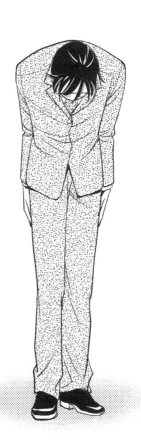

으~음
아무리
그래도…

가전사업부
히타치 과장

지금
신제품
개발로 좀
바빠서….

그…
렇겠죠.

으~음…

신제품 출시될
시기이기도
하고….

과장님!
받아서 해보면
어떨까요!

엔지 씨 고마워요!

그 후 가전사업부는 과장이 주최가 되어

영업 성적이 상위권인 계장급 직원 몇 명과 경영기획실도 참여하여 검토회를 열었다.

뭘! 모처럼 네가 부탁하니까!

그리고 몇 시간 뒤—

우리 사업부의 새로운 전략이 보이네.

해냈다!

가전사업부의 사례를 바탕으로 다른 사업부에서도 동일하게 검토회 개최를 의뢰했다.

오호

필요하다면 저희가 나가겠습니다! 말씀만 하세요.

이대로라면 이직 자리 안 알아봐도 되겠어요.

농담도 잘하네…

야마토무 역—

부장님.

그렇게 해서 드디어 각 사업부의 전략 방향성이 보이기 시작했다—.

각 사업부에서 자사 경영 자원 분석을 보내왔습니다.

조금 이따 정리한 파일을 메일로 보내드리겠습니다.

아아, 빠르네. 덕분에 수고를 덜었어. 고마워.

사실은… 기카이 씨네 회사에서 했다고 해서 예습해뒀지요.

후후

고치 씨 지시로 지난번 비전 설정에 대해서 자사경영자원 분석을 바탕으로 갭과 기본 전략 설정을 진행한다고 하던데.

고치의 지시 아래 팀 내에서는 '패러다임 시프트 검토' 와 기본 전략을 설정하고

또 한 걸음 발전하겠네요!

알겠 습니다.

변혁 분야	지금까지	앞으로	변혁 과제
1. 사업 영역			
2. 사업 모델			
3. 시장 전개			
4. 경쟁 상대			
5. 상품 개발			
6. 분업 구조			
7. 제휴 관계			
8. 기타			

이어서 사업 전략, 기능별 전략, 조직 전략을 구체화하고

사업 전략은 사업별 그룹으로 나뉘어 검토를 진행했다.

주문을 외우듯이 유의미한 의견들이 술술 나왔고,

그래 마치—

다들 집중력이 대단해….

순식간에 필요 항목이 채워져간다…

모두가
고치 선생님의 마법에
걸린 것 같다―

새삼 고치 선생님의 대단함을
깨달은 하루였어요.

흐음

―그래서

그런 일이
있었구나….

경영 전략
수입 예비 작업으로서,
우선 강점과 약점,
성공 패턴을
분석합니다.

06 전략 수립

(1) 강점 및 약점과 성공 패턴

자사경영자원을 분석하다 보면 자사나 자사의 사업의 문제점만 보이며, 앞날이 캄캄한 기분이 들 때가 있습니다. 하지만 여러분의 회사가 어느 정도 세월 동안 존속할 수 있었던 건, 그 나름대로 강점과 장점이 있었기 때문입니다.

결점만 보고 있어서는 미래가 열리지 않습니다. 이렇기 때문에, 강점과 약점, 성공 패턴을 분석해서 전략 대체안을 검토합니다.

① SWOT 분석과 크로스 SWOT 분석—살려야 할 강점은 무엇인가

먼저 SWOT 분석입니다.

SWOT 분석은 일찍이 하버드 비즈니스 스쿨의 케네스 앤드류 교수가 경험이 부족한 젊은 비즈니스맨을 위해 고안해낸 기법으로, 누구나 스텝

도표 3-1 SWOT 분석

강점(Strengths)	약점(Weaknesses)
· 자금력이 풍부	· 인재 부족
· 신용	· 기술자 부족
· 견실경영	· 원가가 완전히 파악되지 않았다.
· 다각경영	· 투자의욕이 약하다
· 빠른 개혁 가능	· 오리지널 상품이 적다
· 정보의 대응이 빠르다	· 개인 상점(조직력이 약하다)
· 전업 제조사	· IT 도입이 늦다
· 코스트 리더	· 계획성이 부족하다
· 인지도가 있다	· 의사결정이 늦다
· 광역 판매망	· 사원 구성이 치우쳐 있다
· 사원 기질 (근면)	· 니케이션 부족

(내부요인 / 예시)

기회(Opportunities)	위협(Threats)
· 모델 사이클의 단기화에 의한 신규 진입 기회 증대	· 경쟁사 정보(안티 ○○파, 정보 유출)
· 방범 및 환경 의식 고양	· 소재 제조업체의 라이벌화
· 해외 사업 전개	· 원자재 급등
· 인터넷 비즈니스 보급	· 업계 하청화(도소매점)
· 리폼 시장 확대 → 리폼 상품의 출현	· 외국계 사업 진출
· 구매의 세계화	· 대형 하우스 제조업체의 점유율 확대
	· 수입 제품 증대

(외부요인)

을 밟아 검토할 수 있을 정도로 편리해서 널리 알려졌습니다.

구체적으로는 **도표 3-1**처럼, 우선 내부 요인인 '강점Strength'과 '약점 Weaknesses'을 도출합니다. 이때, 가능한 한 객관적인 근거가 있는 것으로 고르도록 해야 합니다. 필요에 따라서, 외부나 고객을 인터뷰해서 객관적인 의견을 받아들여도 좋습니다.

다음은 외부 요인인 '기회Opportunities'와 '위협Threats'을 도출합니다. 요인 중에는 받아들이는 방식에 따라서 기회가 되기도 하고 위협이 되기도 합니다.

여기서 주의해야 할 것은 단순하게 도출하면, 강점보다도 약점이 많이 나오거나, 기회보다도 위협이 많이 나오기도 합니다.

이는 도출하는 사람들이 부정적인 사고에 빠져 있거나, 리스크에 민감해져 있기 때문이며, 사물의 긍정적인 면이나 기회를 보려 하지 않는 심리의 발로라고 말할 수 있습니다. 그러므로 균형을 유지하도록 주의하기 바랍니다.

어느 정도 도출되었으면, 그다음 크로스 SWOT 분석을 진행합니다.

크로스 SWOT 분석은 SWOT 분석으로 도출한 네 가지 요소 중, 주요한 것을 세 가지에서 다섯 가지를 선택하고, **도표 3-2**처럼 배치합니다. 그리고 강점을 기회로 살리는 조합을 'SO 전략'으로서 복수 기술합니다. 이때, 복수의 요소끼리를 조합해도 좋습니다. 동일하게 약점을 보완해서 기회로 만드는 WO 전략, 강점으로 위협에 대처하는 ST 전략, 약점과 위협을 최소화하는 WT 전략과 같은 조합을 검토합니다.

어떤 요소끼리를 조합했는지 나중에라도 알 수 있도록, 요소에 번호를 붙여두는 것이 좋겠죠.

도표 3-2 크로스 SWOT 분석

		내부요인	
		강점(S): ① 코스트 리더	약점(W): ① 기술자 부족 ② 원가 파악 약함
외부요인	기회(O): ① 해외 비즈니스 기회 ② 모델 사이클 단기화	SO전략: 강점을 기회로 활용하다 · 저비용을 무기로 해외 진출(S①O①)	WO전략: 취약점 보완해서 기회로 활용 · 타사에서 기술자를 스카우트하여 단기화에 대응(W①O②)
	위협(T): ① 원재료 가격 급등	ST전략: 강점으로 위협에 대처 · 타사 대비 항상 저비용 유지(S①T①)	WT전략: 약점과 위협을 최소화 · 양산품의 재고를 넉넉히 보유하여, 비용 증가 요인을 완화한다(W②T①)

또, 혼자서 하게 되면 조합이 잘 떠오르지 않거나 막히는 경우가 생깁니다. 그럴 땐 여러 사람과 집단 발상법을 활용해서 화이트보드 등을 이용해 적어보면 해결되기도 합니다.

SWOT 분석은 사업별로 실행하는 케이스와 사업 횡단적으로 실행하는 케이스 등이 있습니다. 목적에 따라 구분해서 사용하면 되겠습니다.

이때 중요한 것은 여태까지 없었던 새로운 조합을 떠올리는 것입니다. 사람에 따라서는 이미 있는 조합에 만족하는 케이스를 볼 수 있습니다만, 그것은 단순히 사후 확인하는 것에 지나지 않습니다. 새로운 조합을 도출하려고 항상 주의해야 합니다. 저의 워크숍에서는 기존 조합은 검은 글자로, 새로운 조합은 빨간 글자로 기술해, 얼마나 새로운 조합을 생각해냈는지 언뜻 봐도 알 수 있도록 하고 있습니다.

다만, 비즈니스 스쿨에서 SWOT 분석을 배워도, 새로운 조합을 떠올리지 못하는 사람도 있습니다. 그럴 때는 별도 아이디어 발상법을 배우는 것이 좋겠죠. '새로운 아이디어'의 기본은 '기존 요소의 새로운 조합'이니, 그러한 발상법을 배운 다음에 SWOT 분석에 착수하면 되겠습니다.

크로스 SWOT 분석엔 SO 전략, WO 전략, ST 전략, WT 전략이라는 네 종류의 조합이 나오는데, 이 중에서 가장 경영상 긍정적인 영향이 큰 것은 SO 전략입니다. 왜냐하면 강점은 이미 보유하고 있고, 기회가 있으니 실현 가능성이 높기 때문입니다. 한편, WO 전략은 약점을 보완해야 하기 때문에, 시간이 걸리며, 경우에 따라서는 전부 보완하지 못할 가능성도 있습니다.

이처럼 좋은 전략 대체안을 도출해내고 싶으면, 유효한 강점과 유망한 기회를 확실히 파악하는 것이 중요합니다.

하지만 이미 봤듯이, 경험이 많이 없고 부정적 사고가 강한 사람은 약점이나 위협에만 집중해, 본래 필요한 강점이나 기회를 잘 찾아내지 못하기도 합니다.

유망한 기회를 찾아내려면 평소에 촉을 바짝 세우고 다닐 필요가 있지만, 바쁜 업무에 매몰되면 그럴 여유도 없어서 기회를 놓치기 쉽습니다. SWOT 분석을 할 때에는, 일단 촉을 세우고 폭넓게 정보를 수집하도록 합니다.

② 성공 패턴 분석—재현성과 계속성이 있는 '모형'이 있는가

SWOT 분석은 전략 대체안 도출에 유효하지만, **도표 3-2의 SO 전략** '저비용을 무기로 신흥국 시장에 진입'의 경우, 진입할 때까지는 좋지만 예상대로 성공할 수 있을지는 확실하지 않습니다.

전략 수립 **STEP 3**

도표 3-3 자사의 성공 패턴

	지금까지의 성공 패턴	앞으로의 성공 패턴
A 사 업	· 신상품 개발력(타깃 퀄리티)→새 카테고리 개발→퍼스트 엔트리 · 기능성 상품→서브 카테고리 개발→다이렉트 세일즈 체제	· 생산 체제의 효율화→비용 경쟁력(본체) · 품질 체제를 무기로 한 고부가가치 상품 →한 단계 높은 상품을 타깃 프라이스로 공급 →새 카테고리 개발
B 사 업	· 신상품 개발력(타깃 퀄리티)→새 카테고리 개발→퍼스트 엔트리 · 기능성 상품→서브 카테고리 개발→다이렉트 세일즈 체제	· 국내→해외 인테그레이션 전개→해외 거점에서 해외거점으로 판매
C 사 업	· 수송 기술 향상에 의한 공급력+L 사의 풍부한 레퍼토리(개발력)+H사의 업무용 상품력	· 원자재 확보력+공급력+L 사의 풍부한 레퍼토리(개발력)+H사의 업무용 상품력 → 매출 확대
회 사 전 체	· 맨파워에 의한 사업의 적극적 확대+사업부간 경쟁, 자립의식에 의한 사업 확대+적극적 투자+스피드 경영, 경영 파워력→국내에서의 급속한 규모 확대	· M&A를 활용한 해외 전개+마케팅 역량 강화를 통한 국내 사업 강화+국내 공장 재편을 통한 비용 경쟁력 강화→글로벌 경쟁력 확보

이렇기 때문에 기업으로서는 재현성 있는 성공 패턴을 가지고 있으면 되겠습니다. 다만, 성공 패턴을 갑자기 만드는 것은 어려우니, 먼저 지금까지 성공한 적 있는 패턴을 분석해봅니다. 계속기업이라면, 지금까지 어느 정도 성공 패턴을 가지고 있을 테니, 그 부분을 알고 있는 사람도 참가시켜 성공 패턴을 분석합니다.

성공 패턴 기술 방법은 **도표 3-3**에 있듯이, 사업별로 →(화살표)와 +(더하기표)를 조합해서 표현합니다. 화살표는 순번을, 더하기표는 요소의 조합을 나타냅니다. 이 조합이 많으면 많을수록 경쟁사가 따라 하기 힘들어집니다.

일본 편의점 업계에서는 오랫동안 세븐일레븐이 1위 자리를 유지하고 있는데, 도미넌트 출점 방식과 오리지널 상품 기획 방법을 조합시킨 성공 패턴을 구사하고 있기 때문입니다. 일일 지점별 매출액을 다른 경쟁사에서는 따라잡지 못하고 있습니다.

사업으로서 성공 패턴 말고도 회사로서 성공 패턴이라는 것도 있습니다. 예를 들어, A 사업으로 성공한 경험과 노하우를 바탕으로 B 사업에 진출하거나, C 사업의 고객을 바탕으로 D 사업에 진출하는 경우를 생각할 수 있습니다.

'과거의 성공 패턴에 계속 사로잡혀 있어서는 안 된다' 하고 자주 이야기하는데, 우선 '과거에 어떻게 성공했는지'를 냉정하게 분석하는 것은 미래를 생각하는 데 유의미한 일입니다.

성공 패턴 분석이 끝났다면, 그것을 바탕으로 이후의 성공 패턴을 그립니다. 앞으로의 환경 변화나 기술 혁신, 새로운 대처 방식 등을 도입해서 그려봐도 좋습니다.

또, 성공 패턴 분석 결과를 사내에 공유할 수 있으면, 다음과 같은 몇 가지 좋은 영향을 얻을 수 있습니다.

> ① 방향성이 맞다: 모두가 같은 방향을 향한다.
> ② 확고하다: 쓸데없는 시행착오를 줄인다.
> ③ 속도와 효율성이 증가: 성공 패턴이 공유되어 있으면, 어떤 새로
>   운 제안이 있을 때, '그 패턴으로 대처하면 되겠다' 하고 사내 의
>   사 결정이 빨라지며, 신속하게 일을 처리할 수 있게 된다.

사실 맥도날드 등 체인 사업을 하는 곳에서는, 부동산 회사로부터 새로운 물건 정보가 바로 들어옵니다. 사내에 물건 판별 기준이 있어서 단기간에 판단할 수 있기 때문입니다.

이전, 간부의 출신이 달라서 의견이 분분했던 어느 대기업 기계 회사의 자회사를 지원한 적이 있었습니다. 일반 회사원 출신이 많았기 때문에 경영 목표 설정에 있어서는 당초엔 보수적인 의견이 많았지만, 크로스 SWOT 분석이나 성공 패턴 분석을 진행했더니 경영 목표가 훨씬 높아졌습니다.

전략 대체안이 나왔다면, 이제부터 정식으로 전략 수립 파트의 전략 수립에 들어갑니다. 우선 목표와 실적의 갭을 분석하고, 갭을 메울 만한 기본 전략을 검토하며, 그 후 사업별 사업 전략, 조직기능별 기능별 전략, 조직 구조나 조직 운영 방법을 다루는 조직 전략(이 세 가지를 '기본 전략'에 대한 '개별 전략'이라고 부릅니다)을 구체화합니다.

(2) 갭 도출—정량적 면과 정성적 면으로 파악하기

비즈니스 환경 분석 파트의 비즈니스 환경 분석과 비전 설정 파트의 비전 설정이 됐으면, 현재와 목표와의 갭을 도출합니다.

갭은 정량적 면과 정성적 면으로 도출합니다(도표 3-4).

① 정량적 갭

3년 후의 경영 목표와 가장 최근의 매출이나 이익의 차이를 산출합니다. 이때 목표에서 실적을 빼고, 부족분을 플러스로 표현하도록 합니다. 예를 들어, 매출 목표가 4,000억 원이고, 최근 매출이 3,000억 원일 경우, 갭은 +1,000억 원이 됩니다. '그 정도 늘려야 한다'라는 의미로, 오히려 플러스로 표현합니다.

도표 3-4 비전과 현상의 갭 예시

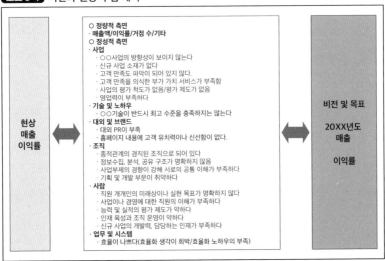

○ 정량적 측면
· 매출액/이익률/거점 수/기타
○ 정성적 측면
· 사업
  · ○○사업의 방향성이 보이지 않는다
  · 신규 사업 소재가 없다
  · 고객 만족도 파악이 되어 있지 않다.
  · 고객 만족을 의식한 부가 가치 서비스가 부족함
  · 사업의 평가 척도가 없음/평가 제도가 없음
  · 영업력이 부족하다
· 기술 및 노하우
  · ○○기술이 반드시 최고 수준을 충족하지는 않는다
· 대외 및 브랜드
  · 대외 PR이 부족
  · 홈페이지 내용에 고객 유치력이나 신선함이 없다.
· 조직
  · 종적관계의 경직된 조직으로 되어 있다
  · 정보수집, 분석, 공유 구조가 명확하지 않음
  · 사업부제의 경향이 강해 서로의 공통 이해가 부족하다
  · 기획 및 개발 부문이 취약하다
· 사람
  · 직원 개개인의 미래상이나 실현 목표가 명확하지 않다
  · 사업이나 경영에 대한 직원의 이해가 부족하다
  · 능력 및 실적의 평가 제도가 약하다
  · 인재 육성과 조직 운영이 약하다
  · 신규 사업의 개발력, 담당하는 인재가 부족하다
· 업무 및 시스템
  · 효율이 나쁘다(효율화 생각이 희박/효율화 노하우의 부족)

현상
매출
이익률

비전 및 목표
20XX년도
매출
이익률

② 정성적 갭

정성적 갭은 여섯 가지 측면으로 봅니다.

(a) 사업

비전 설정으로 정한 사업별 매출 목표 및 이익과 최근 사업별 매출 및 이익 실적을 비교해서, 정량적인 갭뿐만 아니라, 지역 확장, 제품이나 서비스의 정비 확충, 생산 용량 등 정량적으로는 나타낼 수 없는 정성적인 갭을 도출합니다.

또, 신규 사업이 필요할 때에는, 어떠한 분야의 어떤 신규 사업인가 하는 구체화 정도, 필요한 기술이나 노하우 등 현재와의 갭을 도출합니다.

(b) 기술 및 노하우

실적을 늘리려고 할 때에 기술이나 노하우 면에서 부족한 내용에 대해 기술합니다. 특허 관계도 이 카테고리에 들어갑니다.

(c) 대외 및 브랜드

경영 목표를 달성하려고 할 때에, 보다 인지도를 높이거나 브랜드 이미지를 통일할 필요가 있다면, 어떠한 것이 부족한지를 도출합니다. 홈페이지 확충도 여기에 들어갑니다.

(d) 조직

실적 확충하고자 할 때, 조직 구조나 조직 운영 방법 및 정보 공유 방법, 의사 결정 방법 등이 방해가 된다면 그 포인트를 기술합니다.

(e) 인원

사업을 확장하려 할 때, 해외 요원이나 신규 사업 요원이 부족하거나, 젊은 층의 직원이 부족하다면, 자사경영자원 분석으로 도출한 내용을 참고하여 중요 포인트를 기술합니다.

(f) 업무 및 시스템

'업무가 비효율적이다' '시스템화가 늦다' '시스템이 비효율적이다' 등 비전에서 요구되는 수준과 현재의 갭을 도출한다.

(3) 기본 전략의 'From→To'를 확실히 하라

다음은 드디어 기본 전략입니다. 기본 전략은 비전 설정 파트의 경영 비전 및 경영 목표와 자사경영자원 분석 파트의 현재와의 갭을 메울 수 있는

도표 3-5 기본 전략 요소

기존 사업의 사업 전개(지역, 고객, 상품)에 관련된 전략

신규 사업 분야 및 전개에 관련된 전략

기능 강화(개발, 제조, 구매, 영업 등)에 관련된 전략

경영기반(재무, 인사, 경영관리, 정보시스템 등) 강화와 관련된 전략

기업 그룹 조직 편성에 관한 방침

기타(때때로 주제에 따라)

커다란 전략을 설정합니다.

기본 전략의 요소는 **도표 3-5**처럼 ① 기존 사업의 사업 전개(지역, 고객, 상품)에 관한 전략, ② 신규 사업 분야나 전개에 관한 전략, ③ 기능 강화(전개, 제조, 구매, 영업 등)에 관한 전략, ④ 경영 기반(재무, 인사, 경영 관리, 정보 시스템 등) 강화에 관련한 전략, ⑤ 기업 그룹의 조직 편성에 관한 방침, ⑥ 기타(그때그때 주제에 따라서)의 여섯 가지입니다. 모두 언급해야 하는 건 아니지만, 갭을 메우는 데 중요한 전략을 위에서부터 순서대로 선택합니다.

기업에 따라서는 '기본 전략'이 아니라, '기본 방침' 등으로 표현하는 경우도 있습니다. 일본 기업은 '방침'이라는 말을 즐겨 쓰지만, '전략'이라는 말과 비교하면 애매모호하게 느껴집니다.

기본 전략의 포인트는 'From→To'를 확실히 하는 것입니다. **도표 3-6**의 예시처럼, 지금까지와 지금부터의 차이를 확실히 제시합니다. 기술 방법은

도표 3-6 기본 전략에서는 From→To를 명확하게 할 것

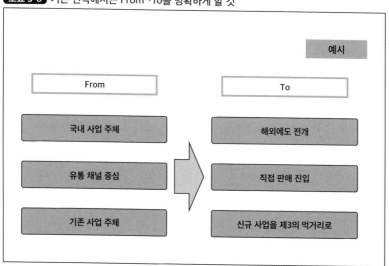

'From→To'에서 To 쪽을 기본 전략으로 기술합니다.

여기서 프롤로그에서 검토한 패러다임 시프트(구조개혁)가 다시 나옵니다. 구조개혁을 해야 할 항목 중, 이번 중기경영계획에서 특히 좀 더 명확하게 해야 할 사항을 기본 전략으로서 내세웁니다.

기본 전략의 체크 포인트는 '가령 이 기본 전략이 성공했을 때, 전항에서 도출한 갭을 메울 수 있고, 경영 비전이나 경영 목표를 달성할 수 있는가' 입니다. 만약 그 전망이 서지 않을 때에는, 기본 전략 자체를 재검토할 필요가 있습니다.

(4) 전략 유형

전투에서 이기려면 병법을 알아야 하듯이, 비즈니스에서 성공을 거머쥐려면 비즈니스 전략에 정통해야 할 필요가 있습니다. 비즈니스 전략의 역사는 100년 정도입니다만, 그 중 주요한 것을 여기서 소개하도록 하겠습니다(도표 3-7).

우선 전략 타입은 크게 ① 포지셔닝파, ② 케이퍼빌리티파, ③ 어댑티브파, ④ 기타로 나눌 수 있습니다.

① 포지셔닝파

포지셔닝파의 특징은 외부 환경을 중시한다는 것입니다. 일본으로 생각한다면, 고령자 인구의 증가를 배경으로, 고령자 대상으로 하는 사업을 새롭게 시작한다든지, 해외라면 신흥국에서의 성장을 기대하며 신흥국에 진출한다든지 하는 것입니다. 성장성이 높고, 미래 이익 확대가 예상되는 시장에 진입하거나 공략을 노립니다.

도표 3-7 주요 전략 유형

> ## 주요 전략 유형
>
> - **포지셔닝파(외부환경중시파)**
>   - ○ 경쟁 전략
>   - · 비용 리더십 전략(저비용 전략)
>   - · 차별화 전략
>   - · 포커스 전략(집중화 전략)
>   - ○ 블루오션 전략-경쟁 없는 세상을 만들다
> - **케이퍼빌리티파(내부능력중시파)**
>   - ○ 코어 컨피던스나 VRIO 등
> - **어댑티브파(적응중시파)**
>   - ○ 시행착오
> - **기타**
>   - ○ 고객 포섭-단골 고객 포섭
>   - ○ 디펙트 스탠다드 전략-사실상 표준을 취하다
>   - ○ 업종별 전략
>   - · 지역 도미넌트 전략-특정 지역에 집중 출점
>   - · 점포 규모-대형 점포 vs 소형 효율 점포 전개

포지셔닝파의 대표격은 마이클 포터의 경쟁 전략입니다. 포터 교수는 일반적으로 경쟁 시장에서의 전략을 (a) 코스트 리더십(저가격 전략), (b) 차별화 전략, (c) 포커스 전략(집중 전략)으로 나눴습니다.

(a) 코스트 리더십 전략

코스트 리더십 전략은 **도표 3-8**처럼 되도록 넓은 시장, 혹은 시장 전체를 대상으로 하며, 낮은 가격을 무기로 시장을 점유율을 높이는 전략입니다. 자동차 업계에선, 도요타자동차가 간반방식 등으로 대표되는 도요타식 생산방식과 관련 부품 회사를 미카와 지역 주변에 집결시켜, 경쟁사보다도 낮은 가격으로 차를 생산할 수 있도록 해 국내 시장 점유율을 확대해갔습니다. 타사보다 비용을 더 절감할 수 있으니, 가격을 낮추거나, 가격 경쟁이 벌어졌을 때에 할인으로 대항할 여력이 생깁니다.

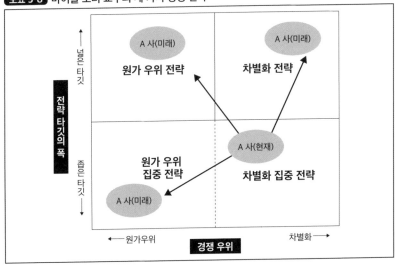

코스트 리더십 전략을 성립시키려면 양산화에 의한 원가절감 등, 경쟁사보다도 저렴하게 상품을 생산할 수 있는 능력을 갖춰야 합니다.

(b) 차별화 전략

차별화 전략의 기본은 경쟁하는 제품에 대해서 고객 입장에서 봤을 때 유의미한 차이를 만들어내고, 그 차이에 매력을 느껴 구입하게 만드는 것입니다. 차별화 전략도, 시장 전체를 대상으로 하는 점에서 코스트 리더십 전략과 대상 범위는 동일합니다. 자동차회사 중에서는 닛산자동차나 혼다 기술연구소가 도입한 전략입니다.

차별화 전략의 포인트는 고객에게 있어서 의미 있는 차별화를 진행함으로써 비용이 더 들기 때문에, 그 비용 이상의 가치를 인정받을 필요가 있습니다. 비용이 더 들어갔음에도 가격에 변함없다면, 그만큼 이익은 낮아지고, 경쟁력이 떨어집니다.

또, 차별화한 상품이 히트한다면, 마켓리더를 비롯해 다른 경쟁사들도 따라하게 됩니다. 이 경우, 어떻게 하면 될까요?

그 대답은 '또 다른 차별화를 시도한다'입니다. 비슷한 제품이 나왔다고 가격을 낮추는 방식은 올바르지 않습니다. 마켓리더보다도 비용이 더 들어가는 만큼, 더욱 이익률이 나빠집니다.

이처럼 차별화 전략 요점은 '지속적인 차별화'가 되겠습니다.

(c) 포커스 전략(집중 전략)

포커스 전략의 포인트는 시장 전체를 대상으로 하는 것이 아니라, 특정 시장에 집중하는 것입니다. 그렇게 하면 특정 시장 고유의 니즈에 응할 수 있습니다.

자동차회사 중에서는 스즈키나 다이하쓰 등이 경차를 비롯해 소형 자동차를 중심으로, 비교적 차량 가격이 저렴하고 연비가 좋은 차를 만드는 데 힘쓰고 있습니다. 그 결과, 지방에서의 경차 비율은 굉장히 높아지고 있습니다.

자동차업계 이외에도, 제조회사 조지루시나 타이거 등은 보온병뿐만 아니라 가전제품의 틈새시장을 확보하고 있습니다.

또, 마이클 포터 교수는 나중에 포커스 전략을 '원가 집중 전략'과 '차별화 집중 전략'으로 나누었습니다. 저비용으로 가전제품을 판매해온 후나이전기 등은 원가 집중 전략을, 자동차업계에서 포르쉐 등은 스포츠카로 차별화 집중 전략을 취하고 있습니다.

여기서 포지셔닝파의 일파라고도 하는 '블루오션 전략'을 소개하겠습니다. 2000년대 프랑스 유럽 경영 대학원 인시어드INSEAD의 김위찬 교수와 르네 마보안 교수는 공동으로 연구해, 동서양의 다양한 비즈니스 전략을 분석했고, 경쟁자와 직접 경쟁하지 않는 영역을 만들어 사업 확장시키는 방법을 도출해냈습니다. 마이클 포터 교수가 말한 경쟁 전략의 세계를 격렬한 경쟁으로 적자를 보는 점에서 '레드오션'이라고 부르며, 자신들의 방식을 푸른 바다에서 경쟁하지 않는다는 의미로 '블루오션'이라고 이름 붙였습니다.

그들이 제언하는 블루오션 전략의 장점은 전략 캔버스나 ERRC 액션 매트릭스 등의 전략 수립 툴을 사용하면, 블루오션 전략 구축이 가능합니다.

일본의 사례는 소니의 플레이스테이션과 경쟁하고 있던 닌텐도가 Wii를 도입해서, 원래 게임을 하지 않던 사람들까지 유저로 만들어 실적을 확대한 일이나, QB 하우스처럼 미용업에서는 당연했던 샴푸나 면도를 생략하고, '커트만 10분'이라는 시간 단축 서비스를 제공하는 사업을 역 안이나 역 근처에서 전개하기도 했습니다. **도표 3-9**는 QB하우스를 ERRC(Eliminate: 제거하다, Reduce: 줄이다, Raise: 늘리다, Create:덧붙이다) 액션 매트릭스로 분석한 것입니다.

블루오션 전략은 마이클 포터 교수가 말한 차별화 전략을 강화한 형태로 보기도 합니다.

자사에서 블루오션 전략을 취할지 말지는 차치하더라도, 전략을 검토할 때 자사의 사업으로 블루오션 전략을 취하는 것은 어떨지 검토해두는 것도 나쁘지 않습니다.

② 케이퍼빌리티파(내부능력중시파)

도표 3-9 블루오션 전략의 ERRC 액션 매트릭스

제거하다(Eliminate) · 샴푸 · 면도	늘리다(Raise) · 역사 안, 역 근처에 위치해 편리성 향상 · 점포가 이곳저곳에 있어, 상황에 따라 선택가능
줄이다(Reduce) · 가격 · 대기시간	더하다(Create) · 표시등으로 밖에서 내부 상황을 알 수 있음 · 클리너로 자른 머리카락을 빨아들임

케이퍼빌리티파는 시장의 매력도보다도, 자사 내부의 능력을 중시합니다. 즉, 설령 국내 실버산업이 성장하고 있어도, 자사가 그 시장에서 싸울 수 있는 노하우나 능력 등이 부족하다면, 진입하지 않는 것이 좋다고 판단을 내립니다. 신흥국에 대해서도 마찬가지입니다. 여태껏 국내 시장 중심으로 사업을 해왔기에 아직 해외 사업을 성공시킬 수 있는 노하우가 없는 상태라면, 진출해도 성공할 가능성이 낮다는 것입니다.

(a) 코어 컨피던스론

케이퍼빌리티파 중에서 가장 오래된 것은 코어 컨피던스론입니다. 자사의 강점은 무엇인가를 분석하고, 그것을 살릴 수 있는 시장인가를 판단해서 진입을 결정합니다. 예를 들어, 소니는 소형화에 탁월했습니다. 대히트했던 워크맨도, 가지고 다니기 어려운 커다란 라디오 카세트가 중심인 시

장에 손바닥만한 크기의 재생 전용기를 만들어 진출한 것입니다. **도표 3-10**은 여러분도 잘 알고 있는 회사의 코어 컴피던스라고 할 만한 것을 고른 것입니다.

코어 컴피던스가 할 수 있는지 없는지는 (i) 실현 할 수 있는 고객 가치, (ii) 독자성, (iii) 기업력의 확장성(미래의 상품 및 서비스 이미지)의 세 가지 관점이 있습니다.

(b) VRIO

케이퍼빌리티파의 두 번째는 VRIO입니다. 오하이오주립대학에서 교편을 잡고 있었던 제이 바니는 지속적 경쟁 우위(서스테이너빌리티)를 확보하려면 케이퍼빌리티가 중요하다고 제창했습니다. 그것을 나타내는 키워드의 앞 글자를 딴 것이 VRIO입니다(도표 3-11).

도표 3-10 코어 컴피던스의 예

코어 컴피던스 후보	실현할 수 있는 고객가치	독자성	기업력의 확장성 (미래의 상품 및 서비스 이미지)
(혼다) 초단기 모델 체인지 능력(특히 바이크)	· 최신 기술을 신상품에 적용할 수 있다	· 타사(예: 야마하)가 따라올 수 없음	· 자동차 등 그 외의 엔진 탑재기기로 역량을 발휘
(애플) 세상에 없는 혁신적 상품을 개발할 수 있다	· 완전히 새로운 사용법을 만들 수 있음(iPod, iPhone, iPad 등)	· 타사가 상품화하기 전에 상품화해서, 새로운 시장을 독점함	· iPod 이후 제품군을 넓혀 왔다(다음엔 어떨까?)
(아마존) 전 세계 규모로 전개하는 온라인 서비스	· 책뿐만 아니라, 원하는 상품이나 서비스를 어디에 있어도 손쉽게 얻을 수 있음	· 규모와 유용성에서 타사가 대항할 수 없음	· 책→전자책 등 확장 중

V는 'Value'(경제가치: 시장에서 받아들여져, 위협이나 기회에 적응 가능한 경제적 가치가 있는 자원), R은 'Rarity'(희소성: 소수의 경쟁사밖에 소유하지 않은 희소한 자원), I는 'Imitability'(모방곤란성: 경쟁사가 따라 하기 어려운 모방곤란한 자원), O는 'Organization'(조직: VRO와 같은 자원을 활용할 수 있는 조직)을 나타냅니다.

이 VRIO의 네 가지 요소가 모두 갖춰지면, 지속적 경쟁 우위를 확보할 수 있고, 평균 이상의 실적을 낼 수 있습니다. 반면, 예를 들어 V(경제 가치)만 없다면, 타사에서 따라 하게 되고 경쟁 균형에 빠져 실적은 보통에 머물게 됩니다.

연구자 사이에서는 포지셔닝파를 취할지, 케이퍼빌리티파를 취할지 의견이 분분하지만, 실무자의 관점으로는 포지셔닝파의 시점으로 시장이나 경쟁 환경을 파악하고, 케이퍼빌리티파의 시점으로 신규 진입해서 경쟁우위성을 확보할 수 있는지, 이미 진출한 시장이라면 앞으로 더 지속적으로 경

도표 3-11 릴리스 베스트 뷰(RBV)의 VRIO

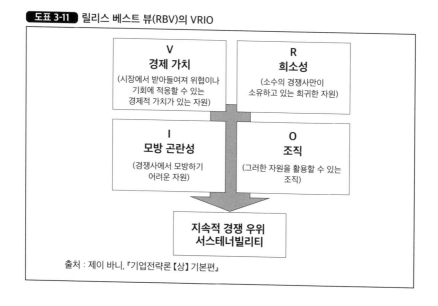

출처 : 제이 바니, 『기업전략론【상】기본편』

쟁 우위성을 구축할 수 있는지 판단해가면 된다고 생각합니다.

③ 어댑티브파(적응중시파)

어댑티브파의 기본은 시행착오입니다. 인터넷 세계처럼 수시로 상황이 변하는 시장의 경우, 차분하게 전략을 다듬고, 느긋하게 준비할 수 없습니다. 매일 수시로 변하는 시장이나 경쟁 환경에 대응할 필요가 있습니다.

LINE을 만든 모리카와 료 씨의 '사업 계획서를 만들어본 적 없습니다'라는 발언이 어댑티브파인 증거입니다.

④ 그 밖의 전략유형

그 밖에도 단골고객을 둘러싸고 이탈하지 않도록 하는 전략이나, 사실상 표준을 형성하는 디펙트 스탠다드화 전략, 고객이 이용하는 플랫폼을 만들어 거기에 다양한 서비스를 한데 모으는 플랫폼 전략, 세븐일레븐의 에리어 도미넌트 전략에서 본 유통업 고유의 업종별 전략, 비즈니스 모델 파생 전략 등이 있습니다.

도표 3-12에서 과거 100년간에 걸쳐 경영 전략론의 약사略史를 소개하니, 참고하기 바랍니다.

◆ 기술 혁신에 대응

기술 혁신이 업종 업태를 크게 바꾸는 경우가 있습니다. 일찍이 레코드는 CD로 대체되었고, 한때는 iPod과 같은 휴대용 음악 플레이어가 보급되었지만, 지금은 사람들이 대부분 스마트폰으로 음악을 듣습니다.

요제프 알로이스 슘페터는 이노베이션(기술혁신)을 '창조적 파괴'라는 말

도표 3-12 경영전략론 약사

연대	논자	키 콘셉트
20세기 초	프레드릭 테일러	과학적 관리법(작업 표준화)
1920년대	앙리 페이욜	경영 및 관리 프로세스⇒PDCA
1930년대	조지 메이오	인간관계론(동기부여의 중요성)
1950년대	이고르 앤소프	앤소프 매트릭스
1960년대	HBS 앤드류	SWOT 분석
1970년대	BCG	PPM 성장 셰어 매트릭스
1980년대	마이클 포터	파이브 포스 프레임워크, 밸류체인
	톰 피터스	엑셀런트 컴퍼니
1990년대	조지 스톡	타임 베이스 경쟁 전략
	마이클 해머	리엔지니어링
	게리 해멀, 코임바토레 프라할라드	코어 컴피던스
	피터 센게, 노나카 이쿠지로	조직 러닝 SECI 모델
	제이 바니	리소스 베스트 뷰 VRIO 프레임워크
	로버트 캐플런, 데이비드 노튼	밸런스 스코어 카드
2000년대	김위찬, 르네 마보안	블루오션 전략
	IDEO, 팀 브라운 등	디자인 사고
	마틴 리브스	어댑티브 전략

출처: 미타니 고지, 『경영전략 전사』

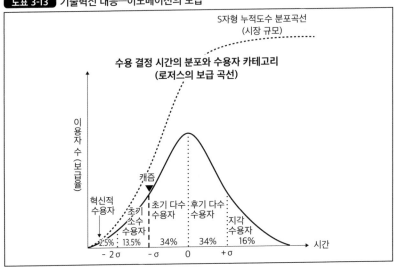

도표 3-13 기술혁신 대응—이노베이션의 보급

을 남겼는데, 기술혁신으로 옛 기술이나 사업자가 파괴되어 시장으로부터 사라져갑니다.

에베렛 로저스는 그 이노베이션의 보급 프로세스에 어떤 법칙이 있음을 발견했습니다. 그것은 시장에는 '혁신적 수용자'라고 불리는 이노베이션을 가장 빨리 받아들이는 사람이 전체 2.5% 정도 존재하고, 이어서 그 기술 혁신을 수용하는 초기 소수 수용자가 시장에 13.5% 정도, 그 뒤 초기 수용자와 후기 수용자가 각각 34%씩, 그리고 지각수용자가 16% 정도 분포한다는 것입니다. 이것은 통계학에서 말하는 '정규 분포의 분포 상태'(표준 편차 간격으로 분포하고 있음)와 동일합니다(**도표 3-13**).

최근 이에 더해 '캐즘'이라는 개념이 생겼습니다. '캐즘'이란 '깊은 틈'이라는 의미로, 기술 혁신도 시장 전체에 보급되는 것과 일부 마니아에게만 보급되는 것이 있습니다. 그 경계가 캐즘으로 초기 소수 수용자와 전기 수

도표 3-14   전략 레벨

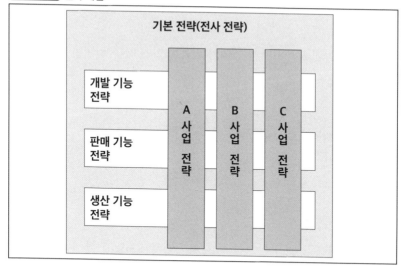

용자 사이에 존재합니다. 애플워치 등이 거기에 해당하는데, 전기 수용자에게 받아들여지기 위해서는 가성비가 중요하다는 것을 알 수 있습니다.

어떤 전략 유형을 참고할지 혹은 자사 독자 고유 전략으로 갈 것인지, 지금까지 비즈니스 전략사가 알려주는 과거의 사례와 자사의 특기나 자원, 현재 놓인 상황과 앞으로 있을 환경 변화 등을 종합적으로 판단해서 대처해가면 되겠습니다. 그리고 무엇보다 시류를 읽는 눈이 중요합니다.

(5) 개별 전략을 구체화하다

개별 전략은 사업마다 사업 전략, 조직기능별 기능별 전략, 조직구조와 운영 방법을 결정하는 조직 전략의 세 가지로 구성됩니다.

기본 전략과 사업 전략 및 기능별 전략의 관계를 나타내면 **도표 3-14**와 같습니다. 전사의 전략적 방향성을 나타내는 것이 기본 전략, 그리고 사업별로 사업 전략이 있고, 사업을 횡적으로 연결한 기능별 전략이 있습니다. 기본 전략은 '전사 전략'이라고 불리기도 합니다만, 기업 그룹의 경우에는 '전사'라고 하면 모회사만을 가리키는 일도 있기 때문에, 일반적으로는 '기본 전략'이라고 부르고 있습니다.

① 사업 전략—어떤 사업 전략 패턴을 취할 것인가

사업 전략은 사업별로 설정합니다. 사업 전략의 축은 세 가지가 있습니다.

(a) 사업 전략 패턴

이것은 '전략 유형'을 말합니다. 도표 3-15처럼 SWOT 분석이나 성공 패턴 분석부터 그 사업에 적합한 전략적인 대체안을 전제로, 기존 사업이나 신규 사업에 관계없이, 어떠한 전략 패턴으로 진행할지를 선택 내지는 독

도표 3-15 사업 전략 패턴

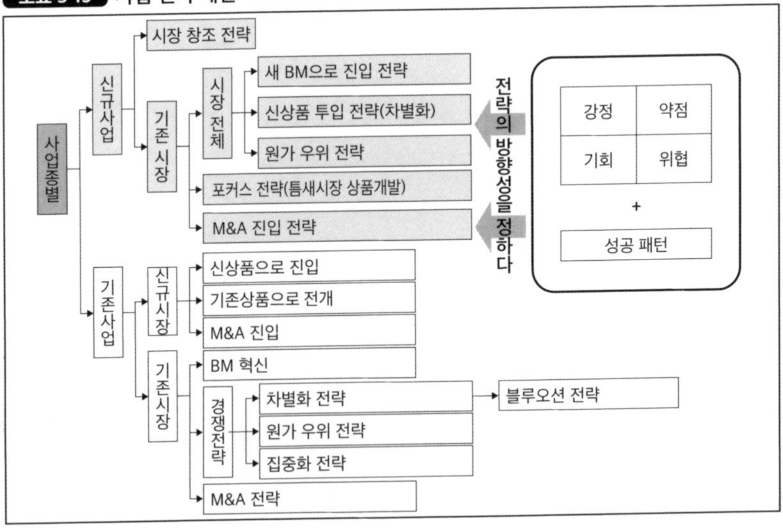

자적으로 마련합니다. 최근에는 사업을 확대하려 할 때에 M&A를 활용하는 사례를 많이 볼 수 있습니다. 한때는 '사풍의 차이'를 이유로 꺼려졌던 M&A지만, 최근에는 다양한 곳에서 많이 쓰이고 있습니다.

(b) 세그먼트화(부분화)의 단면

시장 전체를 대상으로 하는지, 일부 시장을 대상으로 하는지에 따라 전략 패턴은 달라지지만, 그 세그먼트화의 단면에 무엇을 사용할지도 중요합니다. **도표 3-16**에서 볼 수 있듯이, 가격대나 성능뿐만 아니라, 용도나 유통 경로 등이 쓰입니다.

(c) 마케팅 믹스

마케팅 믹스는 보통 Product(상품 및 서비스), Price(가격), Place(유통 채널),

도표 3-16 세그먼트화 단면

Promotion(광고 및 선전)의 네 개의 'P'로 표현합니다(도표3-17).

　해당 사업에서 다루는 상품 서비스의 특징은 Product로 정의하고, 가격 전략은 Price로 명확화하며, 어떤 유통 루트를 사용할지, 복수의 유통 루트를 조합해서 사용하는 등의 채널 전략은 Place로 구체화하고, Promotion은 어떻게 인지도를 높여, 구매의욕을 돋울지를 미디어믹스로 조합하여 계획합니다.

　사업 전략 기술에 있어서는 **도표 3-18**과 같은 워크시트를 활용하면 좋겠습니다. 이것은 경차를 이미지화해서 작성한 것입니다. 사업별로 기존 사업과 신규 사업을 구분하고, 각각에 대해서 대상 시장 및 고객과 사업 전략 패턴, 대상 세그먼트, 마케팅 믹스(4P)의 각 요소에 대해서 정합성이 확보되도록 기술합니다. 대상 시장 및 고객에 대해서는 괄호 안에 고객 니즈를 기술합니다. 또, 사업 전략의 패턴에 대해서는 단순히 패턴을 기술만 할 것이

도표 3-17 마케팅 믹스

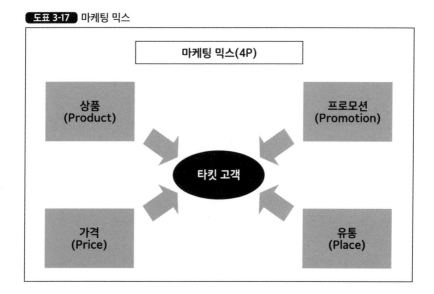

아니라, 괄호 안에 구체적으로 어떻게 그 패턴을 성립시킬 것인가를 보완해서 기술합니다. 예를 들면, 신흥국 공장에서 부품을 저렴하게 생산하고, 그것을 수입하고 조립해서 비용을 절감하는 경우입니다. **도표 3-18**은 대략적으로 표현한 것이기에, 자세한 부분은 이것에 덧붙여 만들면 되겠습니다.

② 기능별 전략—기능별로 전개하면 어떻게 될 것인가

기능별 전략은 조직 기능별 전략이기에 **도표 3-19**처럼 기본 전략을 바탕으로 개발 전략, 생산 전략, 영업 및 판매 전략 등을 기술해갑니다.

그때 외부사업환경 변화나 자사경영자원 분석으로 도출된 대처해야 할 과제나 경영 비전 및 경영 목표로 설정된 바람직한 미래상을 실현하기 위해 필요한 과제, 갭 분석에서 도출된 정량 및 정성적 갭 등을 고려하면서, 중요하고 매우 긴급한 전략 과제를 설정합니다.

도표 3-18 사업 전략 설정

사업	구분	대상 시장 및 고객 (니즈)	사업 전략 패턴(보완)	대상 세그먼트	마케팅 믹스 (4P)	그 외
사업 A	기존	지방 도시, 농어촌의 중장년 남성, 주부, 젊은 여성 (저렴하고 연비가 좋은 차)	원가우위전략 (신흥국에서 생산한 부품을 사용해, 원가 절감)	경자동차	제품: 높은 편이성 가격: 저가격대 판로: 딜러 광고: TV 광고로 저연비를 어필	
	신규					
사업 B	기존					
	신규					

인사나 경리 및 재무, 광고 홍보, 정보 시스템 등 간접 기능 부분은 업종을 불문하고 공통된 것이지만, 제조사에서 말하는 개발이나 생산 등 직접 기능 부분은 업종이나 업태에 따라 다릅니다. **도표 3-19**와 **도표 3-20**은 제조사의 사례와 유통업 사례이니 참고하기 바랍니다.

◆ 외국과의 문화 차이를 이해하고, 대응하다

오늘날 글로벌 대응이 중요한 테마 중 하나가 되었습니다. 여기서 글로벌 대응 조건으로서 한 가지 말해두자면, '로 콘텍스트Low Context 사회에 적합한가'가 하나의 키워드가 되고 있다는 것입니다. 일본은 세계에서 드물게 볼 수 있는 하이 콘텍스트High Context 사회입니다. '콘텍스트'란 '맥락'이라는 의미로, '하이 콘텍스트 사회'란 '문맥 공유도가 높다', 즉, 그다지 많은 말을 사용하지 않더라도 의사소통이 가능하다는 말입니다. 예를 들자면, '이심전심' '촌탁忖度, 남의 마음을 미루어 헤아림' 등은 하이 콘텍스트 사회 특유의 사상입니다.

하지만 외국은 로 콘텍스트 사회가 기본입니다. 아무 말도 하지 않고 그저 웃고 있으면 아무 것도 전달되지 않습니다. 회의에서 발언하지 않으면 '아무 생각도 하지 않는 사람'이라고 멸시당합니다. 우리는 어릴 때부터 타인에게 맞추도록 요구받아 왔고, 취직을 하고 나서도 계속 상사의 의견이나 생각에 맞추고 있으니, 자신의 생각이란 것이 없어집니다. 그러한 상황에서 해외에 나가면, 그 사람 개인의 의견이 요구됨에도 불구하고 무의식 중에 한 나라의 대표라도 되는 것처럼 'We Korean think…' 'Our Company is…'와 같이 이야기해버립니다.

경우에 따라서는 이러한 '굳이 말로 하지 않아도 전달되는' 것 자체를 왜

도표 3-19 기능별 전략(제조업의 경우)

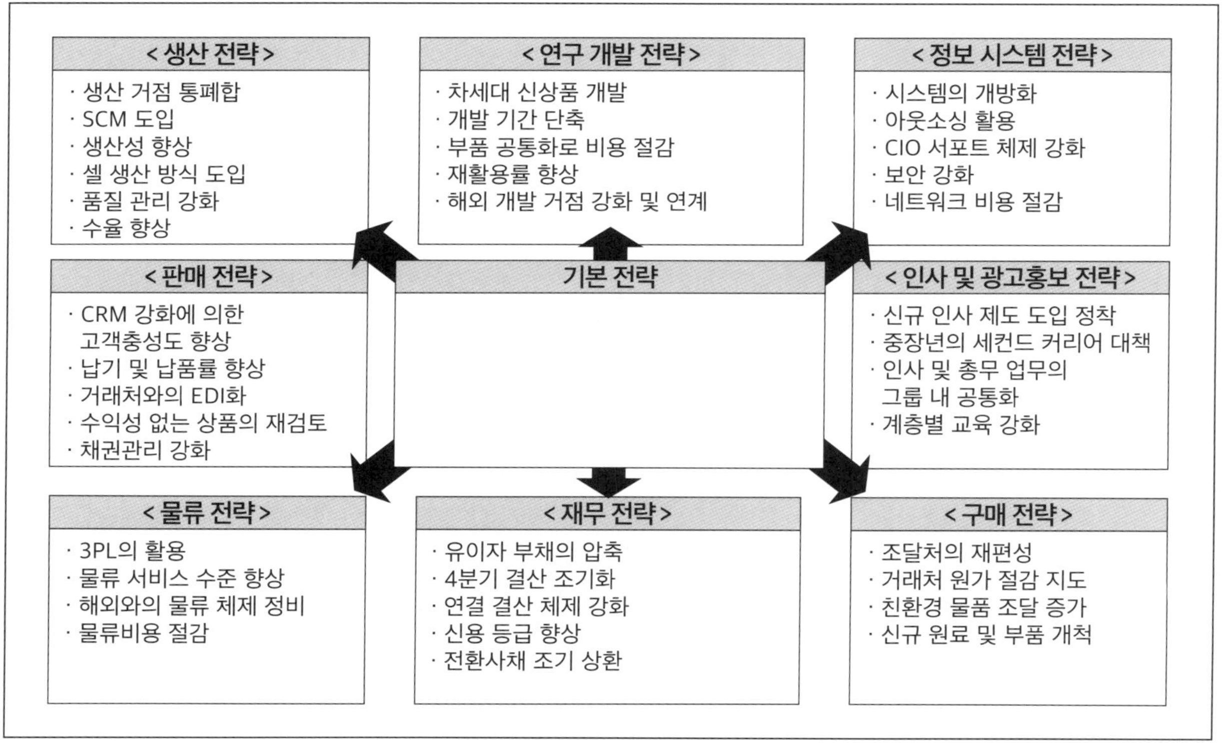

< 생산 전략 >
· 생산 거점 통폐합
· SCM 도입
· 생산성 향상
· 생산 방식 도입
· 품질 관리 강화
· 수율 향상

< 연구 개발 전략 >
· 차세대 신상품 개발
· 개발 기간 단축
· 부품 공통화로 비용 절감
· 제품 응용력 향상
· 해외 개발 거점 강화 및 연계

< 정보 시스템 전략 >
· 시스템의 개방화
· 아웃소싱 활용
· CIO 서포트 체제 강화
· 보안 강화
· 네트워크 비용 절감

기본 전략

< 판매 전략 >
· CRM 강화에 의한
  고객충성도 향상
· 납기 및 납품률 향상
· 거래처와의 EDI화
· 수익성 없는 상품의 재검토
· 채권관리 강화

< 재무 전략 >
· 유이자 부채의 압축
· 4분기 결산 조기화
· 연결 결산 체제 강화
· 신용 등급 향상
· 전환사채 조기 상환

< 인사 및 광고홍보 전략 >
· 신규 인사 제도 도입 정착
· 중장년의 세컨드 커리어 대책
· 인사 및 총무 업무의
  그룹 내 공동화
· 계층별 교육 강화

< 물류 전략 >
· 3PL의 활용
· 물류 서비스 수준 향상
· 해외와의 물류 체제 정비
· 물류비용 절감

< 구매 전략 >
· 조달처의 재편성
· 거래처 원가 절감 지도
· 친환경 물품 조달 증가
· 신규 원료 및 부품 개척

도표 3-20 기능별 전략(유통업의 경우)

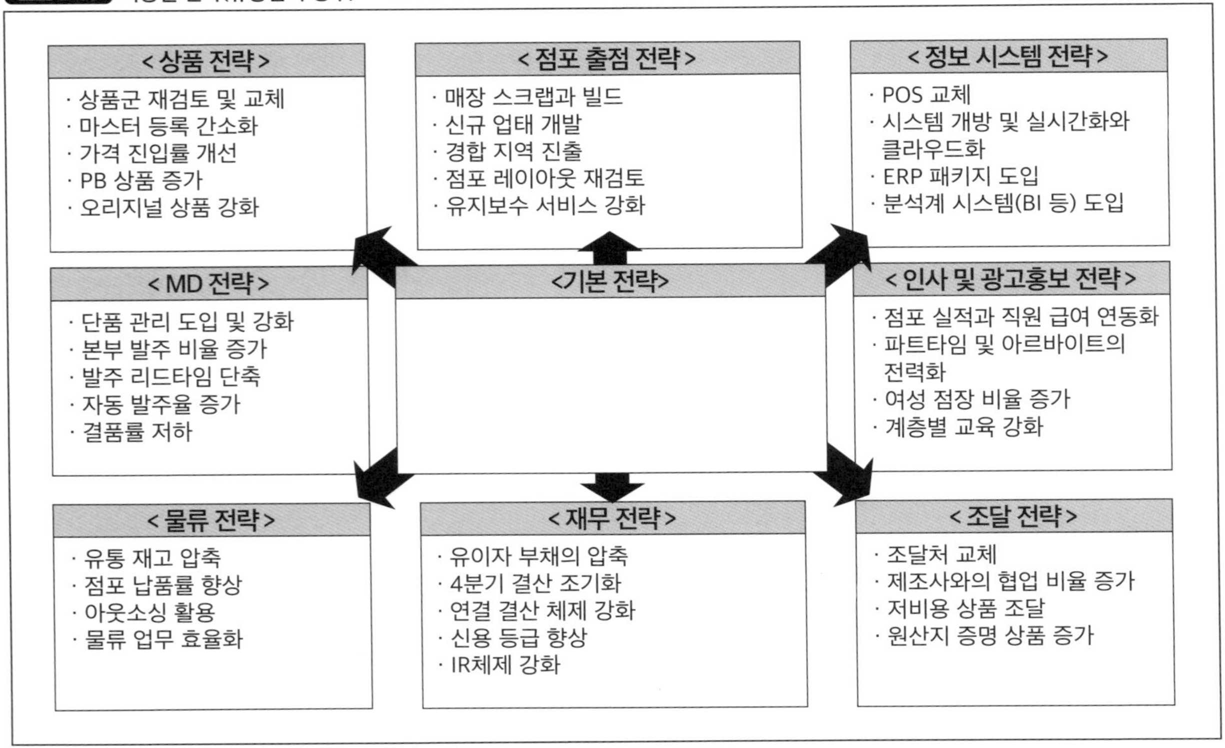

〈상품 전략〉
· 상품군 재검토 및 교체
· 마스터 등록 간소화
· 가격 진입률 개선
· PB 상품 증가
· 오리지널 상품 강화

〈MD 전략〉
· 단품 관리 도입 및 강화
· 본부 발주 비율 증가
· 발주 리드타임 단축
· 자동 발주율 증가
· 결품률 저하

〈물류 전략〉
· 유통 재고 압축
· 점포 납품률 향상
· 아웃소싱 활용
· 물류 업무 효율화

〈점포 출점 전략〉
· 매장 스크랩과 빌드
· 신규 업태 개발
· 경합 지역 진출
· 점포 레이아웃 재점포
· 유지보수 서비스 강화

〈기본 전략〉

〈재무 전략〉
· 유이자 부채의 압축
· 4분기 결산 조기화
· 연결 결산 체제 강화
· 신용 등급 향상
· IR체제 강화

〈정보 시스템 전략〉
· POS 교체
· 시스템 개방 및 실시간화와 클라우드화
· ERP 패키지 도입
· 분석계 시스템(BI 등) 도입

〈인사 및 광고홍보 전략〉
· 점포 실적과 직원 급여 연동화
· 파트타임 및 아르바이트의 전력화
· 여성 점장 비율 증가
· 계층별 교육 강화

〈조달 전략〉
· 조달처 교체
· 제조사와의 협업 비율 증가
· 자비용 상품 조달
· 원산지 증명 상품 증가

인가 하고 질문을 받기도 합니다. 이러한 상황에 대응하기 위해서는 당연하다고 생각되는 것, 전제가 되는 것에 대해서도 '왜 그런가'를 설명할 수 있는 말과 능력이 필요하게 됩니다.

도표 3-21에 일본과 외국 문화나 습관의 차이, 그에 따라 일어나기 쉬운 문제, 대응책을 정리해두었으니 참고하길 바랍니다.

③ 조직 전략―미래의 바람직한 조직도는?

조직 전략에는 '조직 구조를 어떻게 할까' 하는 조직구조론과 '조직을 어떻게 운영할 것인가' 하는 조직운영론이 있습니다.

조직 구조에는 대표적인 조직 형태인 '직능별 조직'('기능별 조직'이라고도 합니다)과 '사업부제' '컴퍼니제' '지주회사제' 등이 있습니다(**도표 3-22**). 제조사는 직능별 조직인 경우가 많고, 개발과 생산, 영업 등 직능별 조직 간 장벽이 문제가 되기 쉽다는 특징이 있습니다. 사업부제는 '사업부에 어디까지 기능을 갖게 할 것인가'에 대해 의견이 분분하지만, 본래 사업부제는 개발과 생산, 영업이 일체가 된 조직을 말합니다. 컴퍼니제의 특징은 컴퍼니장(보통 '프레지던트'라고 부릅니다)은 사업부장보다 큰 권한을 가지고 있으며, 손익계산서뿐만 아니라 대차대조표까지 책임을 지고 있습니다. 본래 사업부제는 P/L손익계산서, Profit and Loss, B/S대차대조표, Balance Sheet 양쪽에 대해서 책임을 가지고 있었는데, 점점 사업부 책임 범위가 좁아져 P/L 책임만 가지게 되었습니다. 그래서 컴퍼니제에서는 B/S의 책임까지 가지도록 한 것입니다.

파나소닉에서 사업부제를 해체했을 때는, 사업 단위가 너무 작았기 때문에 좀 더 큰 조직인 컴퍼니제로 변경했습니다. 컴퍼니제 자체는 소니의 아

도표 3-21 글로벌 대응 조건—로 콘텍스트 사회에 적합

구분	일본	해외	일어나기 쉬운 문제	대응책
언어	일본어	현지 언어 또는 영어	· 말이 통하지 않음	· 인사말 등은 현지어 사용 · 영어로 커뮤니케이션
업무 방식	일본의 상관습 +업계 관행 +자사 특유의 방식	현지의 상관습 +현지 회사 특유의 방식	· 거래 조건의 차이	· 상관습, 거래 조건 등의 사전 확인 · 계약서 등으로 계약
커뮤니케이션	이심전심 중시	가만히 있으면 안 됨, 말로 자기표현	· 무슨 생각을 하고 있는지 알지 못함. 의사와 생각이 전달되지 않음	· 생각하고 있는 것을 말로 전달 · 알기 쉬운 논리로 전달
매너 등	연장자일수록 예의를 중시	현지 매너 나이차 적음	· 우리나라 예의가 현지에선 실례일 수 있음 · 현지 매너를 몰라 문제 발생	· 현지의 매너를 알고 따른다
상식	말하지 않아도 됨	말로 확실히 표현	· 내가 생각하는 상식이 통하지 않음	· 당연한 것이라도 말로 표현하고 확인함
리더십	함께 하는 것을 중시. 강력한 리더십을 요구하지 않음	강력한 리더십을 요구할 때가 많음 행동으로 나타낼 필요가 있음	· 리더십이 약한 것으로 간주됨 · 리더십 부족으로 불만이 나옴	· 과할 정도의 리더십을 말과 행동으로 발휘
가치관	집단주의→개인존중 이유를 불문함	사회적 가치관을 존중하는 국가가 많음	· 왜 그것을 중시하는지 설명이 필요함	· 가치관 이론으로 무장 · 확실히 설명할 수 있도록 한다
문화 및 풍습	신구문화가 뒤섞인 일본 문화와 풍습	신구문화가 뒤섞인 현지 문화와 풍습	· 현지 문화나 풍습을 존중하지 않아 문제가 됨	· 현지 문화나 풍습의 이해와 존중
종교	뭐든 괜찮음	종교, 종파 중시 예식, 의례 중요	· 종교적 의례 및 의식을 모르면 문제가 됨	· 현지의 종교적 의례 및 의식을 사전에 알고, 경의를 표함

이디어였지만, 그 뒤 많은 전자회사에서 도입했습니다.

컴퍼니제에서 좀 더 발전된 것이 지주회사제도로, 전후 재벌해체와 함께 순수 지주회사가 금지되었지만, 90년대 이후 사업 재편의 틀 중 하나로서 1997년에 50년 만에 해금되었습니다. 'OO 홀딩스'라는 이름이 붙은 기업은 순수지주회사제를 도입한 곳입니다.

순수지주회사의 특징은 사업을 별도의 회사로 나누고, 매년 재무제표를 만들도록 하기 때문에 사업을 재편할 때 매각이 쉽다는 장점이 있습니다. 단, 100% 자회사가 아니면 연결 납세 제도가 적용되지 않는 제약이 있어, 일부 기업에서만 도입하고 있습니다.

조직 운영에는 예를 들어, 거버넌스가 잘 돌아가도록 하기 위해 사외이사를 늘린다든가, 이사회 회의를 활성화시키기 위해 이사 수를 줄인다든가, 실질적인 의사 결정 기관이 되는 경영 회의를 월 1회에서 주 1회 개최로 바꿔 속도를 높인다든가, 권한을 위임해서 사업부장의 의사결정권한을 강화하는 등, 다양한 포인트가 있습니다.

조직론에서는 일반적인 토론을 해도 소용없기에, 현재 조직에 관한 문제점을 도출해서, 그것이 개선 또는 해결될 수 있는 조직 구조와 운영 방법을 결정할 필요가 있습니다.

중기경영계획을 수립에 있어서 가장 빠른 길은 '현상은 차치하고, 바람직한 조직의 미래상을 조직도로 표현해보는 방법'입니다. 사내의 다양한 사람들에게 바람직한 미래의 조직도를 그려보도록 하세요. 그러면 그들이 무엇을 바라고 있는지 잘 알 수 있습니다. 물론 그렇게만 한다고 다 되는 것은 아니며, 어려움이나 기대치, 희망 사항을 파악하는 데 도움이 됩니다.

도표 3-22 대표적인 조직 구조와 장단점

구분	사업부제	컴퍼니제	지주회사
조직형태	내부조직	내부조직	별도 회사
관리, 지배 방법	사업부 손익계산서	손익과 대차대조(가상자본금을 각 컴퍼니에 배부)	지주회사가 사업자회사에 출자
목표 지표	경상이익까지	(가상)순이익, 배당	순이익, 배당

	장단점	사업부제	컴퍼니제	지주회사
1	사업과 경영 분리		○	○
2	경영자 매니지먼트 부담의 경감		○	○
3	사업책임자의 의식 개혁		○	○
4	분권, 자립		○	◎
5	부문 손익의 투명성		○	◎
6	기구 개혁의 용이성	○	○	×(중요한 변경은 주주총회)
7	적자부문과의 손익 통산	○	○	×(연결납세로 해결)
8	기업 재편의 용이성			○
9	부문별 인사 및 자금제도			△

출처: 무토 야스아키 『지주회사 경영의 실제』 (제2판)

◆ 조직이 먼저인가, 전략이 먼저인가

'조직은 전략에 따른다'라는 말과 '전략은 조직에 따른다'라는 상반된 말이 있습니다.

그럼 어느 쪽이 맞는 것일까요?

답은, 조직에 명확한 전략이 있는 경우에는 조직은 전략에 따르지만, 명확한 전략이 없는 경우에는 하부조직에서 멋대로 전략을 생각하게 됩니다. 그렇게 되면 전략은 조직에 따르게 됩니다.

예를 들어, 회사로서의 기본 전략이나 방침을 내세우지 않은 채, 사업부에 중기경영계획안을 제출하도록 하면, 사업부마다 생각하는 사업 전략이 전제가 되어, 기본 전략은 어중이떠중이가 되어버립니다. 그렇게 되면 결과적으로 전략이 조직을 따르게 되므로 주의가 필요합니다. 그러니까 본사가 명확한 기본 전략이 없으면, 사업부가 마음대로 사업 전략을 수행해, 기정사실로 만들어버릴 우려가 있다는 것을 알아두길 바랍니다.

활동 및 정량계획 구체화

STORY 5 활동 및 정량계획 구체화

이 프로세스를 거치면 목표 달성 필요조건을 충족시키는 것이지만

야마토 무역

지금까지 검토해온 전략과 과제해결책은

원래 경영 목표를 달성하기 위한 것이었어요.

이것들을 실시했을 때 정말로 경영 목표를 달성할 수 있을지 충분히 안건을 검토한 것은 아닙니다.

그렇게 경영 목표를 달성하기 위해 빠지는 부분이 없도록 합니다.

그럼 각자 검토 시작하세요.

그러므로 이 KPI 트리를 작성해 세분화 하세요.

영업이익률

매출총이익률

판관비율

매출

원가절감

광고선전비율

임대료

접객률

구매 개수

치입 조건

폐기 로스

전단지 회수 삭감

가격 교섭

이제 와서요!?

하나부터 열까지 쉽게 생각할 수 있는 방법이네.

부장님 괜찮으신지…?

사실은 전략부터 활동계획을 세우는 과정에서 빠지는 부분이 있을 때도 있습니다.

그렇기 때문에 이렇게 확인하고 보완하는 일이 중요한 것입니다.

그렇구나! 확인과 보완! 이해했습니다!

그럼 오늘은 전략 과제와 그 해결책

게다가 활동계획을 만들어보도록 하겠습니다.

전략 과제가 스무 개 정도 있습니다.

해결책이나 활동계획도 똑같이 필요하니까 잘 부탁드릴게요.

오오옷

꽤 분량이 많다.

07 활동 및 정량계획 구체화

'사업부를 끌어들이는 것'과 '활동계획을 먼저 만드는 것'이 포인트입니다.

활동 및 정량계획 구체화 파트에서는, 전략 수립 파트에서 수립한 전략 전술화와 그것을 계획으로 구현한 활동계획, 중기경영계획의 3대 요소 중 하나인 정량계획 수립에 대해 알아보도록 하겠습니다.

(1) KPI와 연동한 활동계획을 세우다

일단 전략을 수립했다면, 그것이 비전 설정 파트의 경영 목표 달성으로 이어지는지 확인하기 위해서, KPI 트리를 작성합니다.

KPI란 'Key Performance Indicator'(중요 업적 평가 지표)의 약자입니다. KPI를 KGI(Key Goal Indicator, 중요 목표 지표)와 KPI(Key Process Indicator, 중요 프로세스 지표)로 나누는 방법도 있습니다.

KPI 트리의 사례(유통업 사례)는 **도표 4-1**과 같습니다만, 매출이나 이익 목표를 가장 왼쪽에 놓고, 우선은 손익계산서 재무제표 구성에 따라 경영 목표를 세분화합니다. **도표 4-1**의 사례에서는, 매출액영업이익률 목표를 매출액와 총이익률로 나누고, 또 그것을 매출액 내역이나 원가율 및 판매관리비율 등으로 나눕니다. 재무적인 세분화가 끝났다면, 그 재무치 목표를 달성하기 위한 전략과 전략 목표를 세분화합니다. 자기자본이익률이나 자산이익률을 경영 목표로 할 때에는 그 지표들이 가장 왼쪽에 배치됩니다.

보통 재무 목표의 세분화 파트는 KGI로 하고, 전략의 세분화 파트는 '프로세스의 KPI'라고 부르는 경우가 많습니다.

이 KPI 트리를 만듦으로써, 전략 수립 파트에서 내세운 각 전략이 필요충분한지 검토할 수 있습니다. 흔하게 볼 수 있는 것은 KGI(왼쪽)부터 KPI(오른쪽)로 세분화는 되어 있는데, 오른쪽에서 왼쪽으로 거슬러 올라가면 부족한 것이 생기는 일입니다. 왼쪽부터 오른쪽으로 가는 것을 '필요조건'이라 부르며, 그 반대 방향을 '충분조건'이라고 부르는데, 필요조건이

도표 4-1 KPI 트리

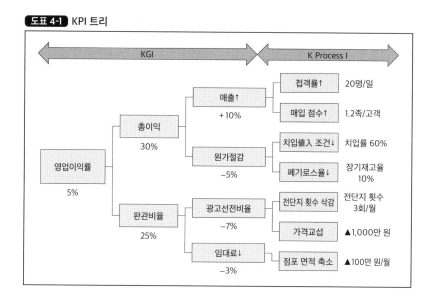

■ 전략 목표와 활동 계획에 대응

구분	지표 분야 예
재무	성장성, 수익성, 안전성, 효율성, 생산성, 자본구성, 현금흐름, 투자 효율 등
영업 및 판매	사업부별·점포별·제품군별·지역별 매출, 동수익성, 점유율, 중점 상품 비율, 영업 생산성, 신규 고객 개척, 반복 주문, 고객 단가, 판매 경비(광고선전비 등), 클레임, 대금 회수, 캠페인 효과, 고객 등
연구 개발	연구개발비, 신제품 개발 건수, 상품 개량 및 개선, 히트 상품, 연구 건수, 시작 건수, 특허 건수, 연구자 수, 생산성 등
생산	생산 수량, 생산성, 원가, 사고 건수, 가동률, 수율, 합격률, 반품률, 수정 건수, 수정 비용, 생산 시간, 작업 정지 시간, 단위 비용, 단위당 노무비 등
구매	구매 원가, 평균 조달 시간, 결품률, 납입 일수, 원재료 부품 부족으로 인한 작업 정지 시간, 복수 구매율 등
물류	물류비, 가동률, 납기 준수율, 사고율
품질	품질보증, 품질검사, 풀 프루프, 페일 세이프, QC, 제안 수, 품질 보상 비용 등
경리	연도 및 월례 결산 일정, 지불 금리, 자금 조달, 세무 대책, 회수 일수, 지불 일수 등
인사	수용자 수, 채용비용, 퇴직자 수, 파트타임율, 급여, 상여, 퇴직금, 노동 고충 건수 등
총무	사무실 임대료, 오피스 스페이스, 유휴 부동산, 방범 및 방재, 사내 환경 등
정보 시스템	IT 예산, 정보 지원, 소프트웨어 개발, 보고서 수, 시스템 유지비, 시스템다운 등

갖춰졌더라도 충분조건이 갖춰지지 않은 케이스가 흔합니다. 경영 목표를 달성하려면 필요충분조건을 모두 갖춰야 합니다. 이렇기 때문에 KPI 트리를 작성해서, 수립한 전략이 필요충분조건을 충족시키는지를 확인하고, 부족하다면 추가적으로 검토해야 합니다.

◆ 분야별 KPI 지표의 예

도표 4-2는 제조사의 기능 분야별 지표 예시입니다. 이것이 전부인 것은 아니지만, 일반적으로 자주 쓰이는 지표이므로 KPI를 검토할 때 참고하십시오.

(2) 전략 과제의 정리

KPI 트리를 작성해 전략의 과부족을 확인하고, 보완했다면 전략 과제를 일람표에 정리합니다.

만화에서는 KPI에 따른 필요충분조건 확인이 과제해결책 검토 이후로 되어 있으나, 과부족 확인 단계는 실무상 다소 전후해도 문제없습니다.

과제 정리는 ① 사업별 사업 전략 과제, ② 기능 부문의 기능별 전략 과제, 그리고 ③ 조직 전략상 과제의 세 유형으로 개별 전략 전체를 커버합니다만, 분류하기 어려운 것이 있다면 ④ 기타로서 다루면 되겠습니다. 이러한 전략 과제 정리는 기업 규모 및 사업 수에 따라 여러 장에 걸친 경우가 있습니다.

다음은 아래와 같이 각각 과제를 중요성과 긴급성의 관점으로 우선도를 정합니다.

【중요도에 따른 분류】

· ◎: 실적 등에 영향이 큼

· ○: 실적 등에 영향이 있음

· △: 실적 등에 영향은 크지 않지만, 대처는 필요함

【긴급성에 따른 분류】

· ◎: 신속하게 착수해, 완료해야 함

· ○: 1년 이내에 착수해, 기간 안에 완료해야 함

· △: 기간 중에 착수해야 함

(3) 전략 과제의 세분화

어떠한 전략도 최종적으로는 실무로서 수행되므로, 전략으로부터 전술로, 그리고 시책으로 구체화해갑니다. 만화에서 야마모토전기의 사례에서 볼 수 있듯이, 전략 과제 구체화는 사업부에 맡기는 회사도 있는데, 그렇게 전적으로 맡기기만 하면 실행할 때 생각하자며 구체화를 뒤로 미루게 되고, 결국은 생각하지도 않고, 실행도 되지 않는 일이 흔하게 일어납니다. 이러한 것을 피하기 위해서라도, 중기경영계획 수립 프로젝트 활동 기간 중에 전략 과제 세분화를 실행할 필요가 있습니다. 야마모토전기 사장은 지난 중기경영계획을 반성하며 그 지점을 지적한 것입니다.

물론 프로젝트 멤버들이 세분화까지 할 필요는 없습니다. 필요에 따라 사업부를 끌어들이면 되겠습니다. 좀처럼 타인이 만든 계획을 진지하게 받아들여 실행하는 사람은 없으니, 이 단계부터 사업부가 주체가 되어 만들면 되겠습니다. 사업부 쪽도 계획 짜는 단계부터 참가할 수 있으면 책임감

도표 4-3 과제의 시책화

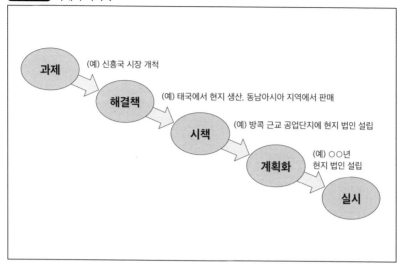

이 높아질 거라고 생각합니다.

◆ **과제의 시책화**

전략 과제는 다음과 같은 단계로 구체화해갑니다.

도표 4-3은 과제 사례로서 '신흥국 시장 개척'을 들었는데, 이에 대해서 과제해결책을 검토합니다. 사례에서는 '태국에서 현지 생산 및 동남아시아 지역에서 판매'라고 단순하게 적혀 있지만, 실제 검토할 때는 자사의 과제에 대해서 가장 유효하다고 생각되는 과제해결책을 골라내야 합니다.

다음은 과제해결책을 시책으로 구현합니다. 사례에서는 '방콕 근교 공업 단지에 현지법인을 설립'이라고 했는데, 그 과제해결책을 실행하는 데 가장 유효한 시책을 여러 가지 검토한 다음에 가장 적절한 시책을 고릅니다.

다음은 '계획화'입니다. '○○년에 현지 법인 설립'이라고 했습니다. 전략 과제이기에 신속하게 실행해야 하니, 계획 개시 타이밍은 실행 가능한 가장 빠른 시기를 선택해야 합니다.

그 후에는 이 계획을 활동계획으로 구현해가면 되겠죠.

이 세분화의 사고방식을 바탕으로 만들어진 것이 **도표 4-4**의 워크시트 모음입니다.

왼쪽 상단에 전략 과제로서 들어져 있는 것은 기능별 전략 시트의 기입 예시입니다. 중기경영계획에 필요한 활동계획 부분은, 과제해결책 검토 시트, 활동계획 시트까지입니다.

거기에 오른쪽의 부문 연도 사업계획서는 사업부 내지 부문별로 작성하는 연도마다의 사업계획입니다. 예산 작성에 맞춰 만들면 되는데, 첫해에는 양식에도 익숙해질 겸 중기경영계획 1년째로서 정량계획도 정합성을 유

도표 4-4 활동계획의 구체화 방법

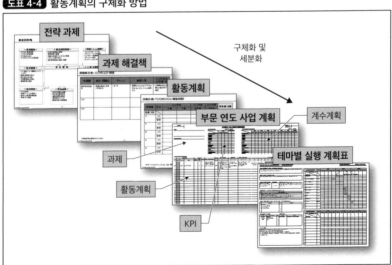

지하며 만들면 되겠습니다. 사업계획의 요소는 ① 부문 방침, ② 정량계획, ③ 부문 KPI, ④ 활동계획의 네 가지입니다.

활동계획을 좀 더 세분화한 것이 바로 오른쪽의 테마별 실행 계획표입니다. 활동계획 중에서 새롭게 진행하는 것에 대해서는 어떻게 실행하면 좋을지 알기 어려우니, 수행 책임자 또는 실행 리더가 사전에 이러한 실행 계획표를 만들어두면 되겠습니다. 의외로 계획표를 만들지 않고 실행하는 케이스도 적지 않으며, '결과가 이렇게 되었다' 하고 보고하는 사례가 많으니 주의하기 바랍니다.

(4) 과제해결책 검토

과제해결책은 **도표 4-5**처럼 과제해결책 검토 시트를 사용해 검토합니다.

각각의 과제에 대해서 ① 과제명, ② 목표 및 미래상, ③ 현상 및 문제점, ④ 갭, ⑤ 해결책의 순으로 검토합니다.

보통 여러분에게 과제해결책 검토를 맡기면 **도표 4-5**의 왼쪽부터 순서대로 작성하는 경향이 있습니다. 이 방법은 현상을 분석하고, 떠오르는 해결 방안을 적고, 그 해결 방안을 실시하면, 어느 정도 목표가 달성할 수 있으리란 생각에서 비롯된 것입니다. 이것은 '현상연장형', 즉 '포캐스팅 발상' 그 자체이기에, 달성할 수 있는 목표도 낮아지기 마련입니다.

이렇기 때문에, 여기에서도 '비전선행형' '백캐스팅 발상'을 이용해 목표를 설정하고 해결책을 찾아야 합니다. 백캐스팅형 순서로 진행하면 목표 수준이 상승하고, 달성하기 위한 해결책도 처음에는 생각나지 않았던 것이 떠오르기도 합니다.

또, ② 목표 및 미래상은 정량 목표와 정성 목표, 둘 다 기술하도록 합

도표 4-5 과제 해결책 검토 테마명: A 사업의 흑자화(대과제) 예시

① 중기 경영과제	③ 현상 및 문제점	④ 갭	⑤ 해결책	② 목표 및 미래상
안건 대응의 신속화	·샘플 제출에 평균 2일 소요 ·숙련도에 따라 샘플 작성 시간이 다르다.	·▲1일	·샘플을 카탈로그 DB에서 만들 수 있도록 시스템을 개수하다 ·인별 안건별 대응시간을 PDCA한다	·24시간 이내 샘플 제출률 80% 달성 (정량) ·경쟁사보다 먼저 샘플 제출함(정성)
업무 효율 향상	·영업사무 5시간 ·안건정보의 공유화 부족 ·영업프로세스 표준화부족	·▲2시간/일	·영업업무운용시스템연계 ·영업 업무 프로세스의 표준화 ·영업부문 내 프로젝트를 시작하여, 상기 해결책을 구체화하고, 예산을 획득하여 실행 ·중기경영계획 기간 중 새로운 시스템 가동을 목표로 한다	·내근과 고객 대응 시간의 비율을 4대 6으로 역전시킴 (정량) ·영업 안건 대응 시간이 증가하고, 수주 확대, 중기경영계획 목표 달성 (정성)
○○				

도표 4-6 활동계획 작성(사업계용)

시간 기준	구분	초년도		제2년도	제3년도	미래상 및 목표
		상반기	하반기	2년도	3년도	
위치						
매출						
1.	KPI※					
	시책					
2.	KPI※					
	시책					
3.	KPI※					
	시책					
4.	KPI※					
	시책					
5.	KPI※					
	시책					

※KPI: Key Performance Indicator

니다. 정량 목표가 이른바 목표에 해당하고, 정성 목표가 미래상에 해당합니다.

(5) 활동계획 작성

과제해결책 검토가 끝났으면, 그것을 3개년 활동계획으로 세분화합니다. 또, 활동계획은 사업별, 부문별로 작성합니다.

시트 양식은 **도표 4-6**에 있듯이 미래상 및 목표를 가장 오른쪽에 배치하고, 거기에 이르는 3개년 활동을, 첫해에는 상반기, 하반기로 나눠서, 시책과 함께 해당기간에 달성하고 싶은 KPI와 그 목표치를 세트로 배치합니다. KPI는 KPI 지표와 그 달성 목표를 기재하는데, 정량화할 수 없는 것에 대해서는 '언제까지 마무리한다' 하는 기한을 명시하는 방법(마일스톤법)으로 기술합니다. 사업계획의 활동계획 시트는 매출이나 이익 목표가 들어가지만, 기능부문별 활동계획 시트는 그에 해당하는 칸이 없습니다.

(6) 정량계획 작성

경영계획을 세울 때, 정량계획을 먼저 세울지 활동계획을 먼저 세울지에 대해 토론이 이루어지기도 합니다. 야마모토전기는 경영 기획 실장의 판단으로 정량계획을 먼저 만들고 활동계획은 뒤로 미뤄졌습니다.

중기경영계획이 경영 목표와 정량계획 만이었던 시대엔, 경영 목표를 먼저 세우고, 그 정량계획을 만드는 순으로 진행되었습니다. 하지만 요즘엔 그것들을 비롯해 경영 비전이나 경영 전략, 게다가 그것을 구체화한 활동계획까지 세우게 되었습니다. 또, 경영 전략까지 세운 뒤, 활동계획부터 시작할지 정량계획부터 시작할지 의견이 분분해지면, 저는 단연코 활동계획을 먼저 만드는 것을 추천합니다.

앞에서 봤듯이, KPI 트리 작성 등으로 경영 목표를 달성하기 위한 커다란 전략이나 방책은 빠짐없이 세워졌습니다. 그렇기 때문에 앞서 말한 것처럼 전략 과제→과제해결책→시책으로 세분화되어 있다면, 활동계획을 세우는 것은 어렵지 않습니다. 그리고 활동계획이 세워져 있으면, 그것에 따라 어느 정도 정량계획을 달성할 수 있을지 짐작할 수 있습니다.

한편, 전략 수립 후에 정량계획을 만들려고 하면, 단가의 오르내림, 수량 증감에 따른 매출 변동, 원가 증감, 경비 증감 등, 이익을 변동시키는 변수가 아주 많습니다. 그중에서 일정 조합을 선택해 정량계획으로 한다면, 수립한 전략과의 사이에서 차이가 발생할 수 있습니다. 그러니 지금까지 검토 결과와 정합성을 유지하며 활동계획과 정량계획을 세우려고 한다면 다소 멀리 돌아가는 것이며, 활동계획을 만든 다음 정량계획을 세우는 편이 만들기 수월합니다.

(7) 정량계획 만드는 법

정량계획을 짜려면 **도표 4-7**에 나와 있는 것처럼, ① 시스템 및 데이터면, ② 관리책임면, ③ 계수 만드는 방법면과 같이 크게 세 가지 논점이 있습니다.

① 시스템 및 데이터 면에는 전용 패키지 소프트를 활용하는 방법과 연도 단위 예산 시스템을 응용하는 방법, 재무제표부터 출발하는 방법까지 세 가지가 있을 수 있습니다. 패키지소트프는 한번 어느 클라이언트가 사용하려고 했지만, 사용이 불편해 잘되지 않았습니다. 이렇기 때문에, 예산 시스템을 응용하거나 재무제표를 이용하는 것이 좋습니다.

② 관리책임면은, 사업부의 실적은 사업부가 책임을 지고, 경비에 대해서

도표 4-7 정량계획 만드는 법

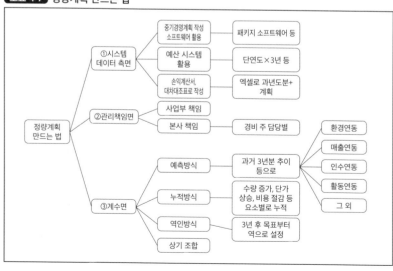

는 본사 경비 주담당이 책임을 지는 방법이 좋습니다.

③ 계수 만드는 방법은 (a) 예측 방식, (b) 누적 방식, (c) 역순 방식, (d) (a)~(c)의 조합이 있을 수 있는데, 각 회사 실정에 맞게 응용하면 되겠습니다. 활동계획이 먼저 만들어진다면, 정량계획에서 손댈 부분은 상대적으로 적어지며, 비교적 단시간에 작성할 수 있습니다. 이것은 제가 지도하며 경험했던 것이기에 걱정하지 말고 대처하면 되겠습니다.

① 정량계획 수립 단계 사례

도표 4-8의 사례는 소매업의 정량계획 작성 단계 사례입니다. 순서로는 (a) 표준이 되는 베이스의 계수를 만든 다음, (b) 베리에이션을 설정하고, (c) 재검토와 시뮬레이션을 실행합니다.

도표 4-8 정량계획 책정 단계 사례

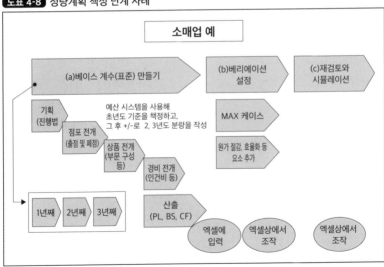

(a) 베이스 계수 만들기

우선 기획부서 진행 방법과 전제 조건(환율이나 전년도 대비 성장률 등)을 정합니다.

도매업에서는 점포 전개가 기본이기 때문에, 점포마다 양식이나 규모에 적합하게 분류하고, 점포 출점이나 폐점 계획을 세워, 식품 부문을 강화하거나 의류품 부문을 축소하는 등 상품 부문 구성이나 전개 방침을 정합니다. 바닥 면적이나 상품 점수(아이템 수) 등 소매업에서 사용되는 기준을 쓰면 좋습니다. 그 후 인건비 등의 경비를 종합해 기준이 되는 손익계산서를 만듭니다.

계수는 예산 시스템 등을 사용하여 첫해 1년 치를 작성하고, 엑셀 등의 표계산 소프트웨어에 계수 데이터를 입력한 후, 전제로 한 신장률 등을 바탕으로 2년째, 3년째 분을 추가하여 3개년 기준 정량계획으로 하는 방법과 예산 시스템 등을 사용하지 않고 처음부터 엑셀 데이터를 작성하여 대응하는 방법이 있습니다.

각 데이터는 매출액에 따라 변동하는 변동비나 점포의 임차료 등 변동이 적은 고정비, 영업시간 등에 따라 변동하는 수도광열비 등의 준변동비 등, 비용의 성격에 따라 바꿀 수 있도록 조건 설정해두면 편합니다.

또한, 엑셀 등으로 작성하고 시뮬레이션할 때는 목적으로 하는 재무제표뿐만 아니라 경영 목표나 재무지표(예: 매출액, 영업이익률, 자산이익률나 자기자본이익률, 부채비율 등)도 동시에 산출할 수 있도록 계산식을 짜 넣어두면 좋을 것입니다.

(b) 베리에이션 설정

매출이 신장하는 MAX 케이스나 다운되는 MIN 케이스, 원가 절감을 진행하는 케이스나 효율화를 진행하는 케이스 등, 몇 가지 있을 수 있는 경우를 설정해 시험적으로 계산해봅니다. 엑셀 베이스라면, 계산 결과를 시트 내지 파일로 나누어 저장함으로써 케이스 결과와 그 내역을 수월하게 보관할 수 있습니다.

새로운 케이스 설정에 연동해 다른 변수도 바꿀 수 있는 알고리즘(순서를 형식화한 것)을 만들어, 매크로 프로그램으로서 사용하는 방법도 있습니다. 다만, 너무 복잡하게 만들면 다른 사람이 쓸 수 없게 되고, 특정 사람밖에 조작할 수 없는 것이 될 수도 있기 때문에, 주의가 필요합니다.

(c) 재검토와 시뮬레이션

베이스와 베리에이션의 계산 결과를 바탕으로, 전제 조건 설정이나 점포 전개, 상품 전개의 재검토 등을 실시하여, 당초 경영 목표에 도달 가능한지, 혹은 전제 조건과 전개 방침, 활동계획과의 정합성이나 타당성이 있는지를 확인하고, 일단 제1차 계산 결과로서 보고합니다.

이후에는 경영 회의 등에 상당하는 회의에 올리는 등, 회사에서 요구되는 순서에 따라서 검토와 재검토를 실시하고, 확인이 되면 최종 단계에 들어갑니다.

이때 주의해야 할 것은, 무엇을 바꾸면 어디에 영향을 주는지를 제대로 이해해야 하고, 데이터와 논리의 정합성을 제대로 취할 수 있어야 하는 점입니다. 파워포인트의 표 형식에는 계산식을 넣을 수 없기 때문에, 어떤 숫자를 한번 고치면 다른 숫자도 고쳐야 할 수도 있습니다. 숫자와 표 계산

소프트웨어를 잘 다루는 사람의 도움을 얻도록 하세요.

② 정량계획의 성과물

정량계획의 성과물에 대해서는, 매출 이익 계획, 투자 계획, 인원 계획, 자금 계획 등이 있습니다. 베이스는 매출 이익 계획이기 때문에 그것들부터 순서대로 만들어가도록 합니다. 투자 계획은 활동계획이 구체화돼 있으면, 이를 바탕으로 한 투자 계획을 연도별로 세울 수 있습니다.

③ 투자 회수 계산

설비 투자에는, (a) 확장 투자나 (b) 교체 투자, (c) 제품 및 서비스 투자, (d) 기타 투자 등이 있습니다만, '투자를 회수할 수 있을까'라는, 이른바 '경제성 계산'의 대상이 되는 것은, (a)~(c)입니다. 설비 투자나 신규 사업의 투자 회수 계산은 교과서적으로는 순현재가치법NPV, Net Present Value이나 내부수익률법IRR, Internal Rate of Return 등이 있습니다. 하지만 실제로는 아직도 현금흐름 베이스가 아니고, 회계상의 이익 계산 베이스로 시범 계산하는 곳이 많습니다. 국내나 사내에 한한다면 그래도 괜찮으나, 해외나 해외 기업과 거래를 할 때에는 지금 소개한 것과 같은 방법을 사용할 필요가 있습니다.

◆ 설비 투자의 현금흐름을 이용한 평가방법—순현재가치법의 예시(도표 4-11)

순현재가치법은 우선 그 전제로서 현금흐름으로 계산합니다. 그리고 초기 투자와 장래의 현금흐름 0년도(초기 투자를 실시하는 연도) 시점의 현재가치

도표 4-10 전사 자금 계획표의 예

시트 8-2: 전사 현금흐름 계획(간접법)

항목		부호	최근 연도 실적	당해연도 전망	초년도	제2년도	제3년도
I. 영업 활동에 의한 현금흐름							
	세금 등 조정 전 당기순이익	+항목					
	감가상각비	+항목					
	소계		0	0	0	0	0
	이자 및 배당금 수취액	+항목					
	이자지불액	-항목					
	법인세 등 지불액	-항목					
	이연자산의 상각	+항목					
	영업활동에 의한 현금흐름		0	0	0	0	0
II. 투자활동에 의한 현금흐름							
	유가증권 투자를 동반한 자금 출입	증가로 -					
	유형 고정 자산 투자를 동반한 자금 출입	증가로 -					
	대부금 대부 및 회사	증가로 -					
	그 외 고정자산 항목의 증감액	증가로 -					
	투자활동에 의한 현금흐름		0	0	0	0	0
잉여 현금흐름(I + II)			0	0	0	0	0
III. 재무활동에 의한 현금흐름							
	단기 차입금 증가 및 감소액	증가로 +					
	장기 차입금 증가 및 감소액	증가로 +					
	사채 증가 및 감소액	증가로 +					
	주식발행에 의한 수입	+항목					
	전기 배당금 지불액	-항목					
	재무활동에 의한 현금흐름		0	0	0	0	0
현금 흐름 합계(I + II + III)			0	0	0	0	0

출처: 『중기경영계획 수립법과 사용법』에서 일부 발췌

로 고쳐 차감 계산합니다. '현재가치'란 돈의 시간 가치를 고려하는 것이기 때문에, 올해의 1,000만 원과 내년의 1,000만 원과는 가치가 다르다는 것을 전제로 합니다. 얼마나 다른지에 대해서는, 기업에서는 단순하게 금리가 아닌, '자본비용만큼 다르다'라고 생각합니다. 즉, 올해 1,000만 원을 사업에 투자한다면, 내년에는 1,000만 원+자본비용 이상이 돼야 한다는 것입니다.

또, '자본비용'이란 대차대조표를 유지하기 위해서 필요한 비용을 말하며, 금리 등의 부채에 드는 비용과 주주가 소유하는 주주 자본 비용의 합계입니다. 이 자본비용률(예: 5%)을 사용하여, 미래 현금흐름을 복리계산으로 할인하는 것입니다. 그렇게 해서 나온 미래의 현금흐름의 현재할인가치와 초기 투자의 차이를 산출해, 플러스가 나오면 '투자가치 있다'라고 판단합니다.

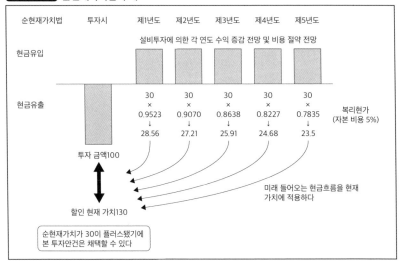

도표 4-11의 내용:

순현재가치법 / 투자시 / 제1년도 / 제2년도 / 제3년도 / 제4년도 / 제5년도

설비투자에 의한 각 연도 수익 증감 전망 및 비용 절약 전망

현금유입

현금유출

30 × 0.9523 ↓ 28.56

30 × 0.9070 ↓ 27.21

30 × 0.8638 ↓ 25.91

30 × 0.8227 ↓ 24.68

30 × 0.7835 ↓ 23.5

복리현가 (자본 비용 5%)

투자 금액100

할인 현재 가치130

미래 들어오는 현금흐름을 현재 가치에 적용하다

순현재가치가 30이 플러스됐기에 본 투자안건은 채택할 수 있다

최근에는 엑셀 함수로 되어 있는 것도 있기 때문에 사고방식과 견해를 알고 있으면 계산할 수 있습니다.

(8) 그룹 전체의 정량계획

정량계획을 자사 단독으로 뿐만 아니라, 그룹으로 연계해 작성해야 하는 경우도 있습니다. 그때는, **도표 4-12**에 있듯이, 우선 사업별 법인별로 손익계산서(필요에 따라서 대차대조표나 현금흐름표도)를 작성합니다.

이어서, 그룹 회사 간의 거래를 소거 및 상쇄할 수 있도록 연결재무제표에 계산식을 짜 넣습니다. 예를 들어, 국내 그룹사인 D 사의 매출액이 C 사업부에 매입될 경우에는 상계되어 0원이 됩니다.

그때에 자회사는 전부 연결이 되어, 매출, 원가, 비용 모두가 가산의 대상이 됩니다만, 지분법 적용 회사에 대해서는 발생한 이익의 지분만을 가산하게 되므로 주의가 필요합니다.

한편, 해외 법인 중엔 일본과 결산기가 맞지 않는 케이스가 있습니다. 일본 법인은 4월~3월 결산인데 비해, 해외 법인의 대부분은 1월~12월 결산입니다. 결산일이 3개월을 넘지 않으면, 각 회사마다의 결산기에 따라 정량계획을 연결해도 문제없습니다. 다만, 관리 회계로서 그룹 회사 관리의 일환으로 결산기를 맞추어보고 싶다면, 각 회사의 정량계획을 4분기마다 작성해, 4분기 차를 보정해 가산하는 방법도 있습니다. 하지만 그때는 해외 법인에게 추가로 마지막 해의 제1사분기(1~3월)의 정량계획을 만들어줄 필요가 있습니다.

(9) 활동계획과 정량계획의 정합성 확인

정량계획은 이와 같이 만들어갑니다만, 대략적으로 만들고 나면 활동계

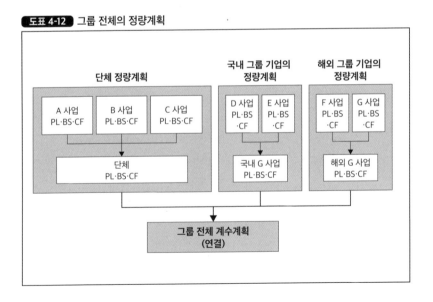

도표 4-12 그룹 전체의 정량계획

획과 정량계획이 대응하고 있는지, 활동계획의 성과가 나오는 타이밍과 정량계획이 맞는지, 활동계획의 성과 전망이 적정하게 예정되어 있는지 등과 같이 활동계획과의 정합성을 확인합니다. 영업 목표는 종종 현실적이지 않은 '패기'가 포함되어 있는 케이스가 있기 때문에, 주의가 필요합니다.

중기경영계획 정리와 발표

중기경영계획 수립은 프로세스가 중요하다─

저는 그렇게 배웠습니다.

STORY 6 정리와 발표

야마모토
전기
경영회의

우와아

사장님을 비롯해
경영간부들이
다 모였어요.

나, 나도
그래….

탁

으득

그럼 지금부터
차기 중기경영
계획안 발표
시작하겠습니다.

으득

긴장되네요.

익숙하지 않은
어려운 일이
한가득
있었지만

포기하지 않고
끝까지 해서
정말 다행이야.

그렇게
열심히
할 수
있었던
것은
아마…

하나다 씨
수고했어요!

지금
기카이 씨
목소리가

들린 것
같은데…?

08 중기경영계획 정리와 발표

> 계획이 실행으로 이어지지 않으면 성과라고 할 수 없지….

(1) 발표와 부문에 대한 세분화(목표와 방책)와 책임 체제

중기경영계획은 회사의 중요한 계획이기 때문에, '경영자층에서 공유→관리자층에서의 이해와 공유→일반 사원층에서 이해와 공유'라고 하는 세 계층으로 나누어 파악해갈 필요가 있습니다(도표 5-1). 경영자층에서의 공유는 비교적 용이하지만, 관리자층 및 일반 사원층으로의 공유 및 침투에 대해서는 전달되기 쉽도록 방법을 고안할 필요가 있습니다.

① 사내용 발표 목차

도표 0-6의 '중기경영계획에 요구되는 10대 목차'는, 주로 사외용 발표를 전제로 한 예이므로, 사내용으로 발표할 때에는 **도표 5-2**와 같은 목차 구성으로 활동계획 등도 구체적으로 소개하면 좋을 것입니다.

도표 5-1 중기경영계획의 이해와 공유

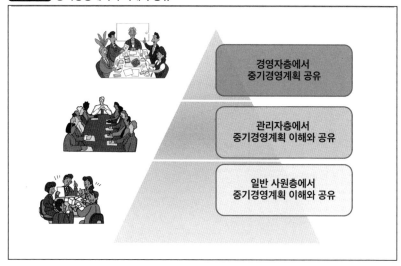

경영자층에서
중기경영계획 공유

관리자층에서
중기경영계획 이해와 공유

일반 사원층에서
중기경영계획 이해와 공유

도표 5-2 사내발표 목차

제○차 중기경영계획(목차)
1. 접근법과 전 중기경영계획 되돌아보기
2. 당사의 기업이념
3. 10년 후 미래상(비전 스토리 포함)
4. 3년 후 비전과 경영목표
(한 장 그림 포함)
5. 외부사업환경 분석(전사/사업부별)
6. 시나리오 플래닝
7. 자사경영자원 분석
보충: 재무분석(매출 및 이익 추이 등)

8. 갭과 전략(전사/사업부별)
　① 갭과 기본 전략(From→To)

　② 목표와 방책 세분화
　③ 사업 전략
　④ 기능별 전략
　⑤ 조직 전략
9. 전략 과제 정리(KPI 트리 포함)
10. 전사 활동계획(테마별 정리)
11. 전사 정량계획(시나리오별)
　① 전사 매출이익계획
　② 전사 투자계획
　③ 전사 인원계획
첨부자료
활동계획 상세

도표 5-3 발표방법

대상자 및 계층	발표	
	자리 및 형식	발표 내용
간부층	· 경영회의	· 전사 비전, 경영 목표, 전략, 방책, 추진조직, 계획 등
사업부장 및 부장층	· 간부회	· 위와 동일+사업부 비전, 목표, 전략, 방책, 추진체제, 계획 등
과장층	· 부과장회	· 위와 동일+과 목표, 전략, 방책, 추진체제, 계획 등
일반 사원층	· 전사방침회의 · 중기경영계획 발표회 · 경영계획서 배포 등	· 전사관련 발표회에서는 전사관련 중심 · 사업부, 부, 과급에서는 각각 조직에 대응한 내용
사외	· 경영 방침 설명회 · 홈페이지(IR 사이트)	· 전사 관련 발표 내용에 준한다 · 홈페이지 게재 내용은 IR 방침에 준한다

② **발표 방법**

중기경영계획의 발표 방법은, **도표 5-3**에 나와 있듯이, 대상자에 따라 발표 장소와 내용을 나눌 필요가 있습니다.

부장급이나 과장급에 대해서는, 간부회나 부과장회 등의 자리에서 전사 비전과 전략뿐만 아니라, 담당하는 사업부나 부서가 해야 할 목표와 과제도 나타낼 필요가 있습니다.

열정적인 회사에서는 일반 사원에게 '제○회 중기경영계획서'와 같은 타이틀로 책자를 만들어 배포해, 설명하는 회사도 있습니다.

지금까지 제가 조사한 바로는 중기경영계획을 수립해, 사내에서 발표하고 있는 기업에서도, 의외로 계획이 잘 알려져 있지 않은 것 같습니다. 실행을 해야 하는 것까지 생각하면, 사내에 계획을 알리는 데 힘을 써야 한다고 생각합니다.

도표 5-4 과제 및 방책 세분화와 PDCA

대상자 및 계층	과제 및 방책의 세분화	기간 중 진척 PDCA
간부층	-	· 이사회 · 경영회의 · 사장진단 등
사업부장 및 부장층	· 부문별 중기경영계획 (활동, 정량계획, KPI) · 테마별 PJ 책임자	· 연도, 반기, 4분기, 월례 예실 검토회
과장층	· 부서별 과제 · 중기경영계획(활동, 정량계획, KPI) · 예산서 · 테마별 PJ 멤버 · 목표관리(MBO) 항목	· 사업부내 연도, 반기, 사분기, 월례 예실 검토회
일반 사원층	· 테마별 PJ 멤버 · 목표관리(MBO) 항목	· 월례 활동 계획 · 예실 검토회
사외	-	· 결산 단신

③ 과제 및 방책의 세분화

중기경영계획이, 활동계획, 정량계획, KPI라고 하는 형태로 정리됐다면, 그 대처 과제나 방책을, 부문이나 부서 단위로 세분화해 나갈 필요가 있습니다(**도표 5-4**).

중기경영계획에서 해야 할 과제를 일반적으로 '테마'라고 부르고 있으며, 테마별 책임 부서나 책임자를 설정하거나 연도 목표에 포함시키기도 하며, 과장급이나 일반 사원급을 테마별 프로젝트 멤버로 지명하기도 합니다.

(2) 그룹, 개인으로의 세분화와 목표 관리

목표 관리는 'MBO'(Management By Objectives)라고 하며, 피터 드러커가 제창했고, 외국계 기업에서 해오던 것을 일본 기업에서도 하게 됐습니다. 원래는 사원 한 사람 한 사람에게 목표를 갖게 하여 의욕을 내게 하려는 것입니다. 일본에서는 주로 인사부가 관장하고 있고, 반년에 한 번 정도로 스스로 목표를 세우고, 상사의 승인을 얻어 수행해, 반년이 지나면 리뷰를 실시하고 있습니다. 회사에 따라서는 개인별 달성도에 따라 보너스 등에 차이를 두는 곳도 있습니다.

MBO는 인사부가 주로 관장하고 있어서, 경영기획부서에서 관장하는 중기경영계획과의 연동성이 희박한 케이스를 많이 볼 수 있습니다. 하지만 경영기획부와 인사부가 제휴해, 중기경영계획의 목표 달성을 위해서 개인의 MBO와 중기경영계획의 과제를 연결시킬 수 있으면, 매우 강력한 구조가 됩니다(**도표 5-5**).

여기서 유의해야 할 점은 중기경영계획의 과제는 규모가 큰 경향에 있기 때문에, 개인에게 부여하려면 상당한 세분화가 필요하다는 것입니다.

도표 5-5 그룹 및 개인 세분화와 목표관리

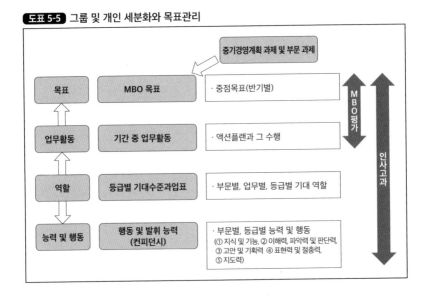

한 회사에서 중기경영계획 과제와 MBO를 결합한 적이 있습니다. 관리직과 담당자가 참석한 워크숍에서, 중기경영계획 과제를 개인 목표까지 세분화하는 방법을 치밀하게 지도할 필요가 있었습니다. 실제로 익숙해질 때까지 문서 한 장으로는 전개하기 어려울 것입니다.

(3) 실현 이미지의 창출과 전달

중기경영계획 발표회를 실시해도, 얼마 후에는 잊히는 일이 자주 있습니다. 그 원인의 하나로, '내용이 인상적이지 않다'라는 것이 있습니다.

경영기획부의 입장에서는 회사에 있어서 중요한 것이며, 자신들이 열심히 정리해, 대외 및 대내적인 발표회도 실시하고 있기 때문에, 중기경영계획의 존재는 매우 중요하고 중대한 것이라고 생각하고 있습니다. 그런데 그것을 받아들이는 일반 사원에게는, '경영 목표'나 '전략'이라는 평상시 업무와는 직접적인 관계가 없는 것이라, 반 건성으로 듣게 됩니다. 그래서 금방 잊히는 거죠.

일반적으로, '감정 > 이미지 > 숫자 > 말' 순서로 사람의 기억에 남기 쉽습니다. 인상적이고 싶다면, 감정이나 이미지에 호소할 필요가 있습니다. 하지만 대부분 중기경영계획 발표 자료는 숫자와 말뿐이므로, 그다지 인상에 남기 어렵습니다.

비전 설정 파트에서도 소개했지만, 뛰어난 경영 비전의 조건에는 '이미지 가능성'과 '공감성'이 있습니다. 이 두 가지를 부여하기 위해서 제가 진행하고 있는 것이 비전 스토리 만들기라는 방법입니다. 예를 들면, 프로젝트 멤버끼리 10년 후의 장기 비전을 검토하고, 그 이미지를 비전 스토리의 형태로 기술하는 것입니다. 그리고 그중에서 일반 사원이라도 미래의 이미지를 떠올릴 수 있는 스토리를 두세 개 정도 골라, 경영계획 발표회에서 소개합니다.

제가 중기경영계획의 수립 지도를 실시할 때는 비전 스토리를 사원들에게 쓰게 하고, 그중에서 대표작을 경영계획과 함께 발표하게 합니다. 경영자는 물론, 일반 사원에게도, '이미지를 떠올리기 쉽다'라며 호평입니다.

비전 스토리는 발표회뿐만 아니라, 책자로 만들거나 대표자의 낭독을 녹음해서 CD 등으로 만들어 배포하는 방법이 있습니다.

사람은 실현 이미지가 떠오르면 무심코 실현하고 싶어집니다. 스토리대로 일을 진행시키려고 하는 사람도 있고, 색다른 예로는, 자신의 특기인 작곡 노하우를 살려 '사가社歌'를 작곡해 오는 사람도 있었습니다. 여러분의 회사에서도 꼭 실천해보길 바랍니다.

(4) 밸런스 스코어 카드를 사용한 폴로Follow 방법

'밸런스 스코어카드'란, 관리 회계의 연구자인 로버트 캐플런 등에 의해서 제창된 관리 방법으로, **도표 5-6**와 같이 ① 재무적 시점, ② 고객의 시점, ③ 사내 비즈니스 프로세스 시점, ④ 학습과 성장의 시점이라고 하는 네 가지 시점으로 구성되어 있습니다.

경영자의 성적표라고 하는 것은, 재무적 시점에서 측정되는 이익 금액이나 이익률입니다. 하지만 회사 규모가 크면 업무가 분업화되어 있기 때문에, 자신의 업무가 결과적으로 얼마나 매출이나 이익에 공헌하고 있는 것인가 알기 어렵습니다. 이렇기 때문에, 이 네 가지의 시점을 잘 이용해서, '어떻게 하면 매출이나 이익을 늘릴 수 있을까'에 대해 관계자들이 모여 검토합니다. 그럼으로써 업무와 실적의 인과관계를 알 수 있고, 실적을 올리

도표 5-6 밸런스 스코어 카드를 사용한 관리 방법

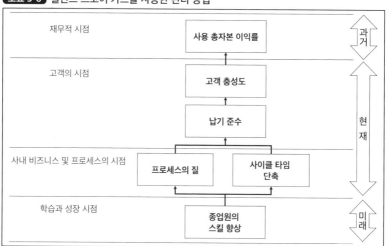

출처: 캐플런, 노튼, 『밸런스 스코어 카드-새로운 경영지표에 의한 기업 변혁』

기 위해서는 어떠한 일을 해야 하는지를 알 수 있게 됩니다. 그것을 인과관계를 나타내는 전략 맵과 그 전략의 수행도를 나타내는 KPI(중요 업적 평가 지표)로 표현해, 전략을 공유하거나 경영관리를 실시해가는 것입니다.

KPI는 앞에서 설명한 방법으로도 설정할 수 있지만, 전략 맵을 작성하면 업적과의 인과관계가 보다 명확해지고 이해도가 높아집니다. KPI와 함께 활용해보는 것도 좋습니다.

(5) 중기경영계획 내용별 침투 수준

자사의 중기경영계획이 어느 정도 사내에 침투되어 있는지를 파악하는 데, **도표 5-7**과 같은 체크 시트를 활용하면 쉽게 알 수 있습니다.

어느 계층이나 부서에서 침투도가 낮은지를 한번 보면 확인할 수 있기 때문에, '침투도를 높이기 위해 전사적으로 해야 할 것은 무엇인가' 혹은

'부문별이나 계층별로 대응해야 할 것은 무엇인가' 등을 파악하기 쉬워집니다.

자, 당신의 회사에서는 어떤 결과가 나올까요?

도표 5-7 중기경영계획의 내용별 침투 레벨

레벨	비전(자사가 목표로 하는 모습)	자사	경영목표와 정량계획	자사	전략과 활동계획	자사
레벨 0	모른다		모른다		모른다	
레벨 1	모른다		알고 있다		알고 있다	
레벨 2	의미를 알고 있다		의미와 의의를 알고 있다		무엇을 하려고 하는지 이해할 수 있다	
레벨 3	의미를 알고 있다		목표나 수치의 이미지가 떠오른다		실시할 것의 이미지가 떠오른다	
레벨 4	공감하다		목표 실현, 계획 달성에 공감하다		실시 내용에 공감하다	
레벨 5	공감해 행동을 취하다		자신과 관련 있는 목표 및 계수 달성을 위해 적극적으로 대처하다		자신과 관련 있는 것에 적극적으로 대처한다	

중기경영계획 수정과 사후관리

나 때문
이라고?

같은 것 때문에
고민하고, 기뻐하고

다른 사람에게는 말해도
알아주지 않을 것도,
바로 이해해주고

같은 목표를 향해 달리는
동료가 있다고 생각하니,
생각했던 것 이상으로
힘이 되었어요.

지금 뭐 하고 있을지
생각하는 것만으로도
약간 행복해지는 기분이에요.

그래서 그런지 저 오늘
기카이 씨 목소리
환청이 들렸어요!

……

앗…!

어?
기카이 씨가
전화를 했네?

Pi

그건
전부 제가
할 말이에요!

09 중기경영계획 수정과 사후관리

'정량계획' '활동계획' 'KPI' 삼위일체의 PDCA를 알아봅시다!

(1) 중기경영계획을 재검토하는 경우와 유지하는 경우

여기에서는 중기경영계획을 만든 후, 재검토하는 방법이나 진척 관리 방법에 대해 이야기하고자 합니다.

① 기존 중기경영계획에 대한 경영기획의 고민

중기경영계획이 시작된 후, 반년에서 1년 정도 지나면, 경영기획부서 사람들은 아래와 같은 고민을 합니다.

(a) 경영 목표가 너무 높아 실적과 크게 괴리되어 있다

(b) 계획을 수정해야 하는가, 그대로 두어야 하는가

(c) 계획을 롤링 방식으로 해야 하는지, 픽스 방식으로 진행해야 하는지

(d) 계획이 예산에 반영되지 않았다

(e) 계획에서 내건 과제에 진전이 없다

(f) 계획이 잊혀졌다

이하, 각각의 상황에 대해 다루겠습니다.

(a) 경영목표가 너무 높아 실적과 크게 괴리되어 있다

오너 회사나, 정력적인 경영자가 실력 이상의 높은 목표를 설정하도록 요구하는 경우에 흔히 볼 수 있는 케이스입니다. 경영진측은 그렇게 함으로써 간부 및 관리직 등을 고무 시킬 의도가 있습니다만, 해당 간부 및 관리직의 사람들은, '그런 목표를 달성할 수 있을 리가 없다'라고 처음부터 포기해버립니다. 실제로 1년이라도 목표와 실적을 비교해보면 예상했던 대로 괴리가 심하고, 그 차이가 점점 벌어집니다. 매월 PDCA를 실시하고 있어도, 차이가 너무 커서 어찌할 바를 모르겠습니다.

(b) 계획을 수정해야 하는가, 그대로 두어야 하는가

(a)와 같이 목표가 높은 경우뿐만 아니라, 어떠한 외부 환경 변화로 경영목표를 달성하지 못할 수 있습니다. 그럴 때 중기경영계획 목표 자체를 재검토해야 할지, 아니면 그대로 두어야 할지에 대해 고민하게 되는 경우가 있습니다.

(c) 계획을 롤링 방식으로 해야 하는지, 픽스 방식으로 진행해야 하는지

중기경영계획의 수립 방법에는 매년 3개년씩 다시 만드는 '롤링' 방식과 일단 3년을 정하면 3년이 지날 때까지 그대로 두는 '픽스' 방식이 있습니다. 각각 장단점이 있는데. 픽스 방식의 회사는 '롤링 방식이 좋지 않을까' 하고, 반대로 롤링 방식의 회사는 '픽스 방식이 좋지 않을까'라고 고민하는 경우가 있습니다.

(d) 계획이 예산에 반영되지 않았다

3월이 결산기인 회사라면, 중기경영계획은 전년도 12월 말 정도로 작성하고, 연도 예산안은 3월 말까지 정리합니다. 중기경영계획과 예산 작성 시기는 불과 3개월 차이밖에 나지 않지만, 그 사이에 상황 변화가 일어나면서 첫해부터 계획과 예산이 어긋나는 일이 있을 수 있습니다. 이러한 경우에 '틀린 채로 있어도 괜찮을까' 하고 고민하기도 합니다.

(e) 계획에서 내건 과제에 진전이 없다

중기경영계획은 다양한 새로운 과제에 도전한다는 취지가 있지만, 막상 시작하고 보면 좀처럼 계획에서 제시한 과제에 아무런 진척이 없을 때가 있습니다. 이럴 때 경영기획자들은 다들 현업에 열심이라 과제를 할 생각이 없는 건 아닌지 걱정될 것입니다.

(f) 계획이 잊혀졌다

'잊혀졌다'라고 하면 충격적일 수도 있지만, 사실은 자주 있는 현상입니다. 중기경영계획을 발표했을 4월경에는 '새로운 계획이 나왔네' 하고 주목을 끌지만, 반년 정도만 지나면, '중기경영계획'이라고 하는 말조차 꺼내지 않게 됩니다.

이러한 여섯 가지 고민은 모두 중기경영계획의 작성 방법이나 운용 방법에서 비롯한 문제입니다. 그래서 이 파트에서는 중기경영계획을 수립한 후, 어떻게 할지에 대해서 이야기하고 싶습니다.

② 계획을 중도에 대폭 수정한 사례/계획을 수정하지 않고 그대로 놔둔 사례

일단 실제로 있었던 A, B, C 3사의 사례를 소개하고, 어떤 포인트에서 계획을 재검토해야 하는지 살펴보겠습니다.

(a) A 사 사례

A 사는 창업 100주년을 향한 장기 비전을 제시하고, 중기경영계획을 수립해 발표했습니다. 그런데 도중에 리먼 쇼크와 같이, 과거에 경험한 적 없는 큰 외부사업환경의 변화가 있어, 중기경영계획뿐만 아니라 장기 비전도 아울러 재검토를 실시해 발표하게 되었습니다.

그러나 다행히 당초 예상했던 것보다도 단기간에 사업 환경이 좋아져 다시 한번 포괄적인 장기 비전과 중기경영계획을 내놨습니다.

그런데 그 후에 또다시 커다란 사업환경 변화가 있었기에, 재차 중기경영계획과 장기 비전을 재검토하기로 했습니다.

결국 A 사는 사업 환경이 변할 때마다, 장기 비전과 중기경영계획을 재검토하게 되었습니다.

【해설】이 사례에서 바람직하지 않은 점은, 중기경영계획을 재검토했을 뿐만 아니라, 장기 비전까지 재검토해버린 것입니다.

경제 환경의 변화는 날마다 일어날 수 있습니다. 그리고 그것은 긍정적일 수도 있고, 부정적으로 작용할 수도 있습니다. 이 때문에 1년 정도의 계획이야 당연히 재검토가 필요할 때가 있지만, 10년 후까지 함께 재검토할 필요까지는 없었을 것입니다. 자꾸 숫자를 바꾸면 '또 바뀌지 않을까' 하며 회사 내외부의 신뢰를 얻지 못할 수도 있습니다.

(B) B 사 사례

B 사는 비교적 호황기에 10년 후 매출을 두 배로 늘린다는 장기 비전과 그에 연동된 중기경영계획을 발표했습니다. 이 회사는 국내 중심으로 사업을 해왔기 때문에, 매출을 크게 늘리기 위해서는 해외에 진출할 필요가 있었습니다. 이 때문에 중기경영계획에서는 해외의 동종 및 유사 타사에 대한 적극적 M&A가 계획되어 있었습니다.

실제 계획대로 실천하다 보니, 뜻밖에도 M&A가 순조롭게 진전됐으며, 2년 차에는 중기경영계획의 매출 목표를 초과 달성할 전망이었습니다. 그래서 2년 차 말미에 3년 차 목표를 상향 조정해서 발표했습니다.

그러나 실제 3년 차에는 외부사업환경이 나빠지면서, 새롭게 설정한 목표를 달성하지 못하고 말았습니다. 엎친 데 덮친 격으로 M&A도 보류됐습니다. B 사는 장기 비전 자체를 달성하지 못할 가능성이 높아지자, 그것을 연기하기로 했습니다.

【해설】이 사례는 장기 비전을 내걸고 해외에 적극적으로 나간 점이나, 2년 차에 3년 차의 목표를 초과 달성할 것 같음에 따라 목표를 재검토한 것도 좋았다고 생각합니다. 다만, 해외에서 매수한 회사를 재조직하고, 실적

을 올릴 때까지는 달성하지 못했습니다. 이른바 포스트 M&A 인터그레이션(PMI: M&A 후 통합)이 잘되지 않은 것 같습니다. M&A를 진행할 때는 미리 PMI 노하우를 터득해야 할 것입니다.

(c) C 사 사례

C 사는 중기경영계획 최종 연도에 커다란 부정적 외부사업환경에 놓이게 되었고, 중기경영계획을 수정할 여유도 없이 큰 적자를 내고 일단 종료되고 말았습니다. C 사는 3년마다 픽스 방식으로 중기경영계획을 작성하는 회사였습니다. 그래서 '차기 중기경영계획을 어떻게 내놓을 것인가'라는 문제가 있었는데, 경기가 회복될 전망이 보이지 않자, 차기 중기경영계획은 '중기경영계획'이라는 형태가 아닌, 잠정적인 '긴급 대책과 구조개혁'이라는 명목으로 임했으며, 사태가 수습된 후 다시 3년마다 중기경영계획을 작성하게 되었습니다.

【해설】C 사는 최종 연도에 큰 사업 환경 변화로 중기경영계획을 재검토하지 못했습니다. 이것이 만약 첫해나 2년 차였다면, 재검토가 필요했을 것입니다.

차기 중기경영계획을 경기 회복 전망이 서지 않는 채 작성해서 발표하게 되면 외부로부터 신뢰를 잃을 수도 있기 때문에, 긴급 대책으로 대처한 것은 탁월한 결정이라고 생각합니다.

이상으로 세 가지 사례로부터 어떤 경우에 중기경영계획 재검토가 필요한지 알아봤습니다. 구체적으로는 아래의 네 가지 포인트로 생각하면 좋을 것입니다(도표 6-1).

1. 급격하고 큰 환경 변화에 의한 중기경영계획의 전제조건 붕괴: 중기경영계획에서 전제로 하고 있는 외부사업환경이 크게 무너지는 경우에는 재검토가 필요할 수 있다.

2. 목표 기능의 상실(초과 달성 및 대폭 미달성을 포함함): B 사와 같이 2년 차에 초과 달성이 되면 3년 차 목표가 의미 없어지므로(=목표 기능의 상실) 재검토가 필요할 수 있다.

3. 내외부 시그널 효과(+/- 양면으로): A 사와 같이 경영 목표를 자주 바꾸면 내외부 쌍방의 신뢰나 구심력을 잃기 때문에, 내외부에 미치는 영향을

도표 6-1 재검토 필요 여부 판단 포인트
■ 재검토가 필요 여부는 아래의 판단 포인트를 적용합니다

#	판단 포인트	해당하는 경우는 ○	비고
1	급격하고 커다란 환경변화에 의해 전제조건의 붕괴		
2	목표 기능 상실(포함한 초과 달성)		
3	내외부 시그널 효과(플러스, 마이너스 양면으로)		
4	타이밍(남은 기간 등)		

고려한 대응이 필요하다.

4. 타이밍(남은 기간 등): 해당 현상이 중기경영계획의 몇 년차에 발생했는가에 따라 재검토 필요 여부가 결정된다.

(2) 중기경영계획을 롤링(기간 중 수정)하는 방법과 하지 않는 방법

중기경영계획을 수립한 후, 운용을 어떻게 할지에 따라 크게 두 가지 방법이 있습니다. 하나는, 1년이 지나면 재검토를 실시해 다시 다음 3년간의 중기경영계획을 다시 만드는 방법으로, '롤링 방식'이라고 합니다(**도표 6-2**).

또 하나는, 한번 3개년 계획을 만들면, 3년 차의 목표는 바꾸지 않고, 각 연차 예산을 만들어 운용해나가는 방식입니다. 이를 '픽스 방식'이라고 부릅니다. 조사해본 바로는 픽스 방식을 도입한 회사가 많은 것 같지만, 전

도표 6-2 롤링(기간 중 수정)하는 방법과 하지 않는(픽스) 방식

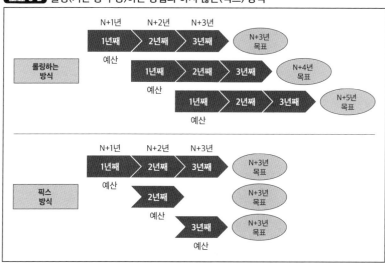

자업과 같이 외부사업환경 변화가 심한 업계에서는 3개년 픽스 방식은 좀처럼 도입하지 않는 듯합니다.

① 롤링 방식에서 발생하기 쉬운 문제점 및 과제

저는 중기경영계획 수립 업무를 할 때, 회사에서 롤링 방식을 채택하고 있었기 때문에 계획을 매년 만든 경험이 있습니다. 한편 픽스 방식의 경험도 있어 각각의 장단점을 정리하면 **도표 6-3**과 같습니다.

롤링 방식은 환경 변화를 유연하게 수용할 수 있다는 장점이 있는데, 반면 단점도 있습니다. 가장 큰 문제점은 매년 작성하는 수고를 덜려고, 정량계획 중심의 경영계획이 되어버리기 쉽다는 것입니다. 또, 매년 다시 만들기 때문에, 2년 차, 3년 차의 목표가 가벼워져 중기적인 대처가 약해집니다.

도표 6-3 롤링 방식과 픽스 방식의 장점과 단점

구분	장점	단점
롤링 방식	· 환경 변화를 유연하게 대처할 수 있다. · 과거의 목표에 구애받지 않아도 된다. · 매년 만들어지기 때문에, 인계 범위에서 대응 가능.	· 매년 만들어야 한다(작업이 힘들다) · 정량계획 중심이 된다. · 3년째의 목표가 가벼워진다. · 중기적인 목표 달성 의욕이 희박해진다. · 중기적인 과제에 대한 대처가 약해진다. · 2년차, 3년차에 실행하지 못해도, 실행하면 좋을 사항들이 쓰인다.
픽스 방식	· 중기적인 과제가 명확해진다. · 투자 계획을 세우기 쉬워지다. · 운용 여하에 따라 목표를 반드시 달성하겠다는 의식이 생겨난다. · 3년간의 목표를 달성했는지 확인할 수 있다.	· 큰 환경 변화가 있을 때 재검토가 필요해진다. · 관리를 안 하면 도중에 잊힐 수 있 다.

② 롤링 방식의 단점 대책

이러한 롤링 방식의 단점 대책으로서, **도표 6-4**에 나타낸 것과 같은 대책안을 생각할 수 있습니다.

작업량이 많은 것에 대해서는 일정한 서식을 정해 재검토하도록 하면 부담을 더는 데 도움이 되고, 목표 달성 의욕이 희박하다면 커미트먼트 방식을 채택하거나 연도마다 기준을 명확하게 하는 등의 대응책을 고려할 수 있습니다.

어쨌든 중기경영계획은 대외 발표도 실시해, 주주에게 약속하는 것이기도 하므로, 책임감 있는 운용이 필요합니다.

③ 픽스 방식의 단점 대책

픽스 방식의 단점은 크게 '재검토가 필요하다'라는 점과 '보완하지 않으면 도중에 잊힌다'라는 점입니다.

재검토 포인트에 대해서는 (1) ②에서 소개한 세 가지 사례에 기초한 네 가지 재검토 포인트를 참고하면 되겠습니다.

(3) 중기경영계획에서 연도 예산 및 부문별 예산 편성 방법

연도 예산 편성 방법의 구체적인 추진 방법은 **도표 6-5**에 있는 것과 같습니다.

포인트는, 중기경영계획에서는 1년 차에서 3년 차까지 해마다 정량계획 목표가 있기 때문에, 그것과 비교해가면서 최종적으로는 3년 차의 경영목표를 달성할 수 있도록 각 연도의 매출과 이익 목표를 세워가는 것입니다.

그리고 전략적인 과제에 대한 활동계획, 그 중간지표로서의 KPI를 진척

도표 6-4 롤링 단점 대책

항목	단점 대책	비고
1. 작업이 힘듦	· 일정한 서식을 정해 놓고 그것을 재검토하도록 한다.	· '백지화 방식' 이 아니라, 전년과의 '차이 설명 방식' 으로 해두면 지속성, 일관성을 유지할 수 있다.
2. 목표 및 달성 의욕이 희박	· 목표의 의미 및 의의(무엇을 달성하기 위한 목표인가)를 명확히 해둔다. · 목표뿐만 아니라, 비전을 명확히 해둔다. · '커미트먼트 방식' 을 도입한다.	· 의미나 의의가 없는 목표는 단순히 숫자가 되어 버린다. · 달성하고 싶은 이미지가 명확하다면 숫자를 다소 재검토하는 것은 허용범위 안이다. · 단기목표라도, 필수 달성 목표로 하고, 달성했는지 여부에 따라 신상필벌로 연결한다.
3. 중기적인 과제에 대처	· 연도별 이정표를 명확하게 하여, 비록 1년이라도 달성 상황을 확인한다. · 중기적인 과제를 롤링하여, 남겨두지 않도록 한다.	
4. 2, 3년 후 목표의 안일함	· 목표 달성의 방책을 명확히 한다. · 중기경영계획 인터뷰 등으로 묻고, 낙관적인 것은 재검토하도록 한다.	
5. 모럴해저드	· 책임목표로 하고, 평가 및 처우와 연동시킨다.	

도표 6-5 예산 책정(편성)의 흐름

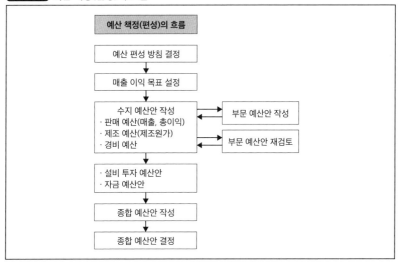

상황에 따라 재검토하고 재설정을 하면서 궤도를 수정합니다. 최종 연도의 예산이 아무래도 중기경영계획의 경영 목표를 달성할 수 없을 것 같은 경우엔, 그때마다 상황 판단을 하면서 사내외에 발표합니다.

(4) 중기경영계획과 예산의 진척 관리 방법

중기경영계획은 관리가 되지 않으면 쉽게 잊습니다.

중기경영계획에 대해 관리해야 할 항목은 **도표 6-6**과 같이 ① 경영 목표, ② 정량계획, ③ KPI, ④ 활동계획, 이렇게 네 가지입니다. 경영 목표와 정량계획은 대체로 재무수치이기 때문에 그대로 운영해도 재무실적이 올라오기 때문에 관리할 수 있지만, KPI와 활동계획은 미리 관리할 수 있도록 만들어야 합니다.

예를 들어, KPI는 전략적으로 중요한 지표를 설정하는 것이지만 일반적

도표 6-6 중기경영계획에 대해서 반드시 관리해야 할 항목

관리 사항	관리 항목	관리 내용	관리 가부
1. 경영목표	· 매출액 · 이익률 · 유이자 부채액 · 업계 내지 위 및 점유율	· 경영 목표 달성을 위한 진척 상황	· 재무치라면 가능 · 업계 데이터 등은 입수 가능성에 따라
2. 정량계획	· 연도 및 분기 매출액 · 연도 및 분기 이익액	· 왼쪽 사항의 실적, 진척률, 전망 등	· 가능
3. KPI	· 기타 회사 및 사업에서 KPI(실적 평가지표)로 제시하는 사항 예: 방문객 수, 구매 단가 등	· 왼쪽 사항의 실적, 기준치 및 목표치와의 차이	· 데이터로서 취득할 수 있도록 되어 있고, 집계할 수 있으면 가능
4. 활동계획	· 사업 전략 및 기능별 전략, 조직 전략으로 내건 과제나 시책	· 왼쪽의 과제 및 시책에 대한 대처 상황	· 연도 계획에 포함되어 있고, 시책이 구체화되고, 주관 부서가 명확하면 가능

인 정보 시스템에서는 해당 데이터를 취득할 수 없는 경우가 있습니다. 예를 들면, 유통업에서의 접객률 등은, 접객 담당자가 데이터를 넣지 않는 한 취득할 수 없습니다. 하지만 그것이 중요한 지표라면 수작업으로라도 취해야 합니다(제가 지도한 기업에서도 수작업을 한 경우가 있습니다). 다만 지속적으로 자동 취득해야 할 필요가 있는 것이라면 중장기 시책으로서 시스템화하는 것도 검토 대상이 될 수 있을 것입니다.

한편, 활동 계획은 '누가 언제까지 무엇을 해낼 필요가 있고, 그것을 어떻게 파악할 것인가'라는 것을 미리 정해두지 않으면 진척 관리를 할 수 없습니다. 그래서 앞에서 말한 것처럼 활동계획을 분기별로 구분해서 작성해 놓고, 반년마다 계획대로 대처가 이루어졌는지, 그 성과가 나왔는지를 확인해야 합니다.

① PDCA의 실시 방법

경영 목표, 정량계획, KPI, 활동계획 등 요소를 관리하기 위해서는 **도표 6-7**와 같이 'Plan' 'Do' 'Check' 'Action' 사이클(PDCA 사이클) 안에서 연동해 파악할 수 있도록 해야 합니다.

구체적으로는 계수예산 작성에 맞추어 활동계획 수립과 KPI를 설정하고, 월례 회의에서 그 세 가지 진척 상황을 확인할 수 있도록 한다는 것입니다.

② KPI의 설정과 재검토

중기경영계획을 수립하는 시점에서 KPI를 설정하여 운용하지만, 데이터를 얻기 어렵거나 KPI 자체가 적절한 지표가 아니었던 점 등으로 인해 재

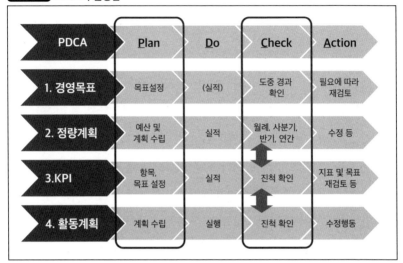

검토해야 하는 경우가 있습니다. KPI는 전략 수행이나 실적의 선행 지표가 되는데, 처음 설정한 KPI를 금과옥조처럼 계속 지키려고 하면 문제가 생길 수 있으므로, 목적에 따라 적절히 재검토하도록 합니다. KPI의 재검토와 이를 달성하기 위한 시책 재검토의 관계는 **도표 6-8**에 나타낸 것처럼 'KPI 가 적절한가' '데이터를 취할 수 있는가 혹은 운용할 수 있는가' '활동계획 으로서의 시책이 적절한가, 실행했는가, 성과가 나왔는가'와 같이 나뉘어 져 대응이 달라지므로 참고하도록 합니다.

③ PDCA의 레벨

PDCA의 활동 방법은 **도표 6-9**와 같은 레벨로 나뉩니다.

· 레벨 1: 예산으로서의 정량계획을 만들어도 활동계획을 만들지 않고, 계수의 진척 관리만 한다. 이 레벨에서는 매출, 이익 등의 수치가 매월 달성

도표 6-8 KPI 설정과 재검토

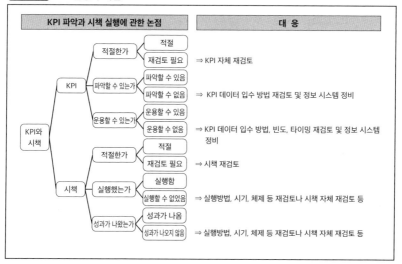

되고 있는가 하는 것만 논의된다.

· 레벨 2: 계수의 차이 분석까지 실시한다. 예산과 실적에서 차이가 난 부분을 분석하여, 어떤 부분에서 차이가 크게 발생했는지 논의된다.

· 레벨 3: 차이 분석 결과 당월 내지는 다음 달 이후의 수정행동이 논의되고 지시된다.

· 레벨 4: 정량계획뿐만 아니라 활동계획도 작성되어, 계수의 차이가 활동계획과 연계되어 논의되고, 활동계획의 재검토나 수정행동이 이루어진다.

· 레벨 5: 정량계획 및 활동계획에 더해 KPI가 설정되어, 삼자의 관계가 분석되고, 적절히 활동계획과 KPI의 재검토가 이루어진다.

· 레벨 6: 레벨5의 PDCA가 계속적으로 실시됨으로써 점점 경영관리가 진화해가는 최상위 레벨이다.

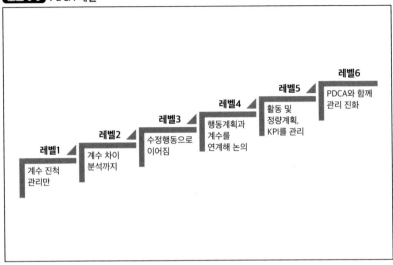

최상위인 레벨 6에 도달하면, 개선이나 개혁이 진행되어 회사가 좀 더 나아져갑니다.

이 책에서 권장하고 있는 것은 레벨 5이지만, 세상의 많은 회사에서는 레벨 3 정도(정량계획밖에 만들지 않아 활동계획이나 KPI가 없는 상태)에 머무르고 있는 것 같습니다. 새로운 중기경영계획의 수립과 함께, PDCA의 실시 방법도 재검토하는 것은 어떨까요.

④ 예실차(예상과 실제의 차이) 분석 시점

예산이나 계획과 실적 분석을 실시할 때에는 **도표 6-10**과 같이 예산달성도 B에 대해 그 요인을 인수분해하여 파악하면, 적절한 대응책 및 수정행동으로 연결됩니다.

요인은 환경요인(E), 활동계획요인(C), KPI요인(K)으로 나누어 파악합니

도표 6-10 예실차 분석 시점

■ 전월 실적(포함한 전망)에 대해서, 예실차 분석을 아래처럼 인수분해한다.

구분 케이스	예산 달성도 B 정량계획 (실적-예산)>0 (Y/N)	요인 E 환경요인(Y/N) (거시적, 시장, 경쟁)	요인 C 활동계획 (Y/N)	요인 K KPI (Y/N)	대응책 M 대응책(유지: Keep/수정계획: Revise)
a	달성(Y)	예측대로(Y+/-)	계획대로(Y)	목표달성(Y)	그대로 진행(K)
b	미달성(N)	예측대로(Y+/-)	계획대로(Y)	목표달성(Y)	활동계획과 KPI 재검토(R)
c	미달성(N)	예측대로(Y+/-)	계획대로(Y)	미달성(N)	활동계획 재검토(R)
d	미달성(N)	예측대로(Y+/-)	계획미달(N)	미달성(N)	활동계획 재검토, 철저(R)
e	미달성(N)	예상 외(N+/-)	계획대로(Y)	미달성(N)	환경요인 재검토, 활동계획 재검토(R)
f	그 외(다양한 조합을 생각할 수 있음)				조합에 따라 대응책을 짬

다. 예를 들어 특정 고객의 공장 가동률이 높다는 것을 전제로 예산을 세웠으나, 미달성일 경우에는 환경요인(E)이 마이너스로 작용했다고 볼 수 있습니다. 또한 신규 고객 유치 활동을 예정하고 있음에도 불구하고, 기존 고객의 트러블 대응으로 실행하지 못한 경우에는 활동계획요인(C)이 마이너스로 작용하게 됩니다. 또한 KPI 설정대로 신규 고객을 유치했더라도 그만큼의 예산이 미달성일 경우엔 KPI 설정(K)이 부적절했을 가능성이 있으므로 필요하면 KPI의 재검토를 실시합니다.

이와 같이 세 가지 요인으로 나누어 예실차를 분석하면 좀 더 적절한 대응책(M)을 도출할 수 있습니다. 어느 회사에서 이와 같이 인수분해해 대처했던 적이 있었는데, 지점별 PDCA가 보다 적절히 돌아가게 되어 예산 달성도가 높아지기도 했습니다.

세상의 많은 회사는 정량계획만을 세우고 개개인의 즉흥적인 활동계획

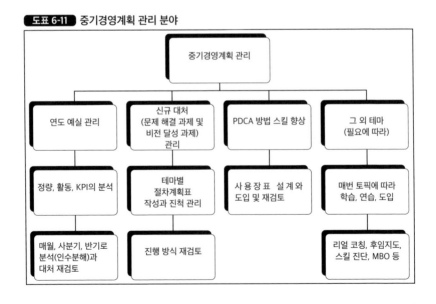

도표 6-11 중기경영계획 관리 분야

을 임기응변적인 관리로 실시하고 있는 경우가 많습니다.

정량계획뿐만 아니라 이를 달성하기 위한 활동계획과 그 퍼포먼스를 나타내는 KPI를 설정하여, 삼위일체의 PDCA를 할 수 있도록 관리를 진화시켜 나갔으면 합니다.

⑤ 중기경영계획의 후속 분야

중기경영계획에서 관리해야 할 분야는 **도표 6-11**에 나타낸 것처럼 '연도 예실 관리' '신규 대처(문제해결형 과제 대처, 비전달성형 과제 대처)의 관리' 'PDCA 방법 자체의 브러시업' '그 외 테마(필요에 따라서)'의 네 가지 계통으로 나뉩니다.

특히, '신규 대처(문제해결형 과제 대처)'에 대해서는, 통상 업무를 실시하면서 겸무로 하는 사람이 많기 때문에, 그대로 두면 통상 업무 때문에 전혀 진

도표 6-12 새로운 테마에 대한 대처가 성공하기 위해 필요한 여덟 가지 요소

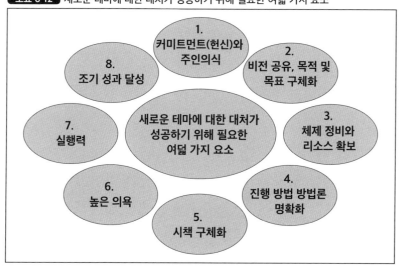

척되지 않는 일이 발생합니다.

새로운 대처를 성공시키기 위해서는 **도표 6-12**에 나와 있는 여덟 가지 요건을 갖출 필요가 있습니다.

여기서 가장 중요한 것은 '커미트먼트와 오너십'입니다. 리더의 자리에 있는 자신이 의욕을 보이지 않으면 아무도 실행하려 하지 않습니다. 또, 겸무로 임하는 경우에는 '체제 정비와 자원 확보'도 중요사항입니다. 리더를 포함한 견고한 체제 정비와 멤버의 시간 확보는 빠뜨릴 수 없습니다.

조기성과를 내는 것도 중요한 요소 중 하나입니다. 새로운 대처의 성과가 좀처럼 나오지 않으면, 그 대처가 필요한 것인지 의심이 생깁니다. 그러면 진척이 잘되지 않기도 하고 내부에서 의견 대립이 일어나기도 합니다.

리더는 이를 잘 이해하고, 새로운 대처에 직면할 필요가 있습니다.

이와 같이, 네 분야를 적절하고 원활하게 관리하려면, 중기경영계획 수립 시점에서 어떠한 관리 체제를 취할지를 미리 결정해두지 않으면 안 됩니다.

야마모토전기와 야마토무역의 사례로 중기경영계획수립 과정에서 각각의 타입으로 진행할 때 마주치는 문제점이나 그 대응책도 어느 정도 이해하셨다고 생각합니다.

한편, 수립 프로세스에 대해 사내의 사업 부문과의 관계 방식으로 말하면, 우선 사업부로부터 시안을 내게 하는 ① 집약 및 누적형과 윗선에서 방침이나 목표를 제시해 사업부에 배분하는 ② 목표 제시 할당형이 있습니다.

①의 경우, 사업부에서는 달성하기 쉬운 낮은 목표를 많이 수립하는 것과 사업부간 유대가 약해진다는 폐해가 있습니다.

②는 어느 정도 경영진의 의사는 반영시키기 쉽습니다만, 사업부의 실상과 괴리되어 있거나 목표 설정에 있어서 사업부의 자주성이나 자발성을 제한할 우려가 있습니다.

이 때문에, 다방면으로 의견을 교환하고 전사적으로 비전이나 전략이 공유되는 ③ 비전 및 전략 공유형이 바람직한 모습입니다. 그러기 위해서는 야마토무역이 실시한 것과 같은 프로젝트 형태로 진행해보는 것도 하나의 선택사항이라고 생각합니다.

또, 실행해서 성과가 오르는 중기경영계획을 만들기 위해서는, 수립 단계에서 활동계획까지 만들고 진척 관리를 실시할 필요가 있습니다.

무슨 일이든 절차를 지키고, 잘 준비할수록 실전(중기경영계획의 실행 단계)에서 좋은 결과를 얻을 수 있을 것이라 믿고 실행해보세요.

여러분의 성공을 기원합니다.

Original Japanese title:
MANGA DE YASASHIKU WAKARU CHUKIKEIEIKEIKAKU NO TATEKATA·TSUKAIKATA
Copyright © 2019 Yoshinori Iguchi, Toki Masaki
Original Japanese edition published by JMA Management Center Inc.
Korean translation rights arranged with JMA Management Center Inc.
through The English Agency (Japan) Ltd. through Danny Hong Agency.
Korean translation rights © 2022 by DOCENT

옮긴이 복창교

부산대학교 일어일문학과와 일본 리쓰메이칸대학에서 공부했다. 출판사에서 출판에디터로 일했고, 지금은 번역 및 편집 프리랜서로 활동하고 있다. 옮긴 책으로는 『살인마 잭의 고백』 『청소시작』 『진짜 대화가 되는 영어』 『사료만 먹여도 괜찮을까? 반려견 편』 『사료만 먹여도 괜찮을까? 반려묘 편』 『HOW TO 팬베이스: 팬을 얻는 실천법』 『HOW TO 미의식: 직감, 윤리 그리고 꿰뚫어보는 눈』 『HOW TO 하버드 필드 메소드』 등이 있다.

HOW TO
중기경영계획
수립 & 실행

초판 1쇄 인쇄   2022년 5월 19일
초판 1쇄 발행   2022년 5월 25일

글   이구치 요시노리
그림   마사키 도키
옮김   복창교

경영총괄 이총석
디자인   정은혜

펴낸이   구난영
펴낸곳   도슨트
주소   서울특별시 마포구 월드컵북로 207 302호
전화   070-4797-9111
팩스   0504-198-7308
이메일   docent2016@naver.com
ISBN   979-11-88166-43-5 (03320)

*파본은 구매처에서 교환해드립니다.
*책값은 뒤표지에 있습니다.
*글꼴은 국립중앙도서관이 개발한 도서관체입니다.
*경영아카이브는 도슨트의 경제경영브랜드입니다.